I0528401

ДОСТИЖЕНИЕ ЦЕЛОСТНОСТИ

Джессика Онсага

Эта серия книг посвящена сынам Божьим, которые говорят Яхве «ДА» — чего бы им это ни стоило. Пусть эти книги помогут вам возрастать в сыновстве и зрелости в хождении со Христом.

Серия книг о сыновстве: Достижение Целостности
Джессика Онсага

Авторское право © 2024

Издательство Seraph Creative
ISBN 978-1-958997-76-5

www.seraphcreative.org

Переводчик текста: Углева Анна

СОДЕРЖАНИЕ

ПРЕДИСЛОВИЕ

Для меня большая честь внести свой скромный вклад в замечательную книгу-инструкцию Джессики Онсага к более полным и глубоким отношениям с нашим любящим и милостивым Небесным Отцом. Эта книга, вместе с двумя ее предшественницами, предоставляет помазанную Святым Духом карту для «возрастания в Божьей благодати и близости с нашим Господом и Спасителем Иисусом Христом…» (2-е Петра 3:18). Имея более 40 лет опыта пасторской работы, я чрезвычайно рад видеть, как воспитывается новое поколение Бесстрашных Чемпионов, готовая повести за собой в том, что, я думаю, будет самой Великой и Окончательной Жатвой душ и переходом из Периода Церкви к Периоду Вечного Царства!

Я хорошо знаю Джессику, и мне было приятно наблюдать, как она проходит этапы зрелости от младенчества до состояния красивой, мудрой женщины с Божьим характером, которой она является сегодня. Кроме Иисуса и ее драгоценных родителей, никто не мог бы гордиться ей больше. И Джессика, и ее замечательный муж Гонзо на протяжении многих лет были частью нашей команды служения в *Церкви Благой Вести* здесь, в городе Юба, штате Калифорния. Будучи еще молодой парой, они участвовали в служении, иногда проходя через самые трудные испытания, какие только можно себе представить, но всегда показывали образец мужества, веры, честности и христианского характера. Я очень уважаю их и рад тому, что Джессика ведет других по пути, по которому она шла сама на моих глазах. Джессика не теоретик! То, чем она делится, исходит из сердца и ее собственного опыта: это может изменить жизнь любого, у кого «есть уши, чтобы слышать», что Святой Дух говорит через ее труды. На сегодняшний день я имею опыт работы с сотнями молодых пар, но ни одной из них я не доверяю больше, чем Джессика и Гонзо!

Вот и все, что я хочу сказать про автора, но как насчет самой книги?

Сто девяносто три раза в Священном Писании Всемогущий Бог называется нашим «Отцом», а мы, люди, неоднократно упоминаемся как Его «семья» (например, К Ефесянам 1:5), Его «дети» (например, От Матфея 5:9) и Его «сыновья и дочери» (например, 2-е Коринфянам 6:18). Хотя мы часто принимаем это как должное, для Него это, кажется, *действительно много значит!* Что такого важного в этом «Божественном сыновстве»? Разве Он не мог легко устроить так, чтобы те, кто доверял Ему в прощении своих грехов, просто попали на Небеса после смерти, избежали суда и жили долго и счастливо? Конечно, мог бы, но, как гласит старая поговорка: «Отцу виднее!» Тщательное рассмотрение «экономики» искупления человека показывает, что Бог сотворил нас по Своему подобию и что *Он позволяет нам пройти процесс взросления, чтобы стать подобными Ему по характеру и природе!* Вознесение на Небеса - это НЕ самое большое событие! Видеть, как мы становимся зрелыми *в этой жизни*, - вот чего Он добивается! Давайте глубоко поразмыслим над богатыми истинами этих ключевых стихов и посмотрим, что Святой Дух будет открывать нам о том, как «*достигать целостности*» как Божьим сыновьям и дочерям.

К Галатам 4:1-2 (НРП): «…Пока наследник еще ребенок, он в своих правах ничем не отличается от раба, хотя на самом деле ему принадлежит все имение. Но в детстве у него есть воспитатели и опекуны, которым он подчиняется до определенного времени, установленного его отцом».

- Если быть дитем Божьим - это «конечная цель» нашего спасения, почему этот стих подразумевает,

- что быть ребенком ничуть не лучше, чем быть рабом?

- Задумывались ли вы о том, что ваша незрелость может быть причиной того, что вы «ничем не лучше раба»?

- Как эта истина применима к вам и вашему уровню духовной зрелости?

К Римлянам 8:19-23 (Дословный перевод NLT): «Все творение с нетерпением ждет того будущего дня, когда Бог откроет, кем на самом деле являются Его дети. Против своей воли все творение было подвергнуто Божьему проклятию. Но с большой надеждой творение ожидает того дня, когда оно присоединится к Божьим детям в славной свободе от смерти и разложения. Ибо мы знаем, что все творение стонет, как в муках родов, вплоть до настоящего времени. И мы, верующие, тоже стенаем, даже несмотря на то, что внутри нас есть Святой Дух как предвкушение будущей славы, ибо мы страстно желаем, чтобы наши тела были освобождены от греха и страданий. Мы тоже с большой надеждой ждем того дня, когда Бог даст нам наши полные права как Своих приемных детей».

- Что может открыть творению будущее откровение об истинных детях Божьих?

- Задумывались ли вы когда-нибудь о том, что «все творение» ждет, когда мы достигнем зрелости как Божьи сыновья и дочери?

- Что может подразумеваться под тем, что мы получаем свои «полные права» как приемные дети Бога?

К Ефесянам 4:11-15 (Дословный перевод NLT):«Итак, вот дары, которые Христос дал церкви: апостолы, пророки, евангелисты, пасторы и учителя. Их ответственность состоит в том, чтобы снарядить Божий народ для выполнения Его работы и созидания Церкви, Тела Христова. Это будет продолжаться до тех пор, пока мы все не придем к такому единству в нашей вере и познании Сына Божьего, что **мы будем зрелыми в Господе, соответствуя полному стандарту Христа**. Тогда мы больше не будем незрелыми, как дети. Нас не будет **швырять из стороны в сторону** каждым ветром нового учения. Мы не поддадимся влиянию, когда люди попытаются обмануть нас ложью, настолько искусной, что она звучит как правда. Вместо этого мы будем говорить истину с любовью, **все больше и больше возрастая во всех отношениях подобно Христу**, Который является главой Своего Тела, Церкви».

Рассматривали ли вы когда-нибудь в своей жизни возможность «соответствовать полному стандарту Христа»?

- Задумывались ли вы когда-нибудь о том, что жизненные бури, которые «швыряют вас из стороны

- в сторону», могут быть связаны с вашей незрелостью как сына/дочери Божьей?

- Что ваши «отметки мелом» на стене говорят о темпах духовного роста за последние десять лет вашей жизни?

*От Иоанна 1:12-13 (Дословный перевод NLT): «…Тем, которые приняли Его (Христа Иисуса), **Он дал силу стать сынами Божьими**, всем верующим во имя Его, которые родились ни от крови, ни от хотения плоти, ни от хотения человека, но от воли Божьей».*

- Задумывались ли вы над тем фактом, что когда мы принимаем Христа, Он наделяет нас силой стать сынами Божьими?

- В чем разница между «рождением свыше» и получением силы «стать сыном Божьим»?

Есть много причин, по которым верующие в «западную традицию» христианства плохо понимают эти важные истины, но мы рассмотрим три из них:

1. Прежде всего, у нас есть «великий противник» (сатана), который усердно трудится, чтобы помешать нам понять невероятную значимость и ценность Божественного Сыновства! Он знает, что ему не избежать поражения в голову, если Божьи дети когда-нибудь по-настоящему поймут свои права как зрелые Божьи сыновья и дочери.

2. Во-вторых, великая американская западная «инициатива» сосредоточена почти исключительно на том, чтобы попасть на Небеса, вместо получения великих и драгоценных обетований, доступных нам в этой жизни! Западное христианство сосредоточилось на «журавле в небе», в то время как основное внимание подлинного библейского христианства уделяется «синице в руке»!

3. Наконец, мы читаем Священное Писание через искаженную призму «приблизительного» языка перевода вместо «выразительного» греческого языка, на котором был написан Новый Завет. Из-за этого такие понятия, как «родиться свыше», «быть дитем Божьим» и «быть сыном Божьим», воспринимаются как более-менее синонимичные понятия, хотя в действительности на языке Священного Писания они совершенно различны и используют разные термины для обозначения младенца в утробе матери (brephos), малыша (nepios), ученика (teknon) и полностью зрелого сына (huios)! Эта языковая путаница помешала нам осознать важность того, что, возможно, является главной целью нашего искупления: шанса преобразиться

в этой жизни в полноту образа нашего «Старшего Брата» – Иисуса Христа!

Благодаря такому просвещенному пониманию Священного Писания перед нами открываются новые фантастические горизонты! Вместо путаницы приблизительных значений в переводе мы внезапно видим славное призвание стать полностью зрелыми (huios) сыновьями и дочерьми, квалифицированными наследниками Царства Своего Отца и сонаследниками (равными участниками) со Христом Иисусом!

И это то, к чему ведет вас замечательная серия книг Джессики! В предыдущих двух частях она заложила прочный фундамент, а здесь она шаг за шагом проведет вас через необходимые процессы, как **_достигнуть целостности_** и открыть красоту лучшего познания и приближения к нашему драгоценному Небесному Отцу (чья воля для нас всегда будет превосходить наши самые невероятные мечты и самые смелые фантазии)!

К Ефесянам 3:20 (Дословный перевод NLT): «Никогда не сомневайтесь в могучей силе Бога действовать в вас и исполнить все это. Он достигнет бесконечно большего, чем ваши величайшие просьбы, ваши самые невероятные мечты, и превзойдет ваши самые дикие представления! Он превзойдет их все, ибо Его чудодейственная сила постоянно заряжает вас энергией».

Пастор Дейв Брайан,
Церковь Благой Вести, г. Юба, Калифорния, США

ВВЕДЕНИЕ

Эта книга представляет собой третью часть из серии книг о Сыновстве, которая была написана для того, чтобы помочь верующим расти и достигать зрелости в своем хождении с Яхве! Первая книга, «Основание», закладывает теологический фундамент, на основе которого написаны все остальные части, поэтому сначала важно и полезно прочитать именно ее. Начав не с первой книги, вы можете не понять структуру, согласно которой построены все книги данной серии, тогда как другие части серии можно читать в любом порядке, но инструменты, которым я учу в «Основании», особенно важны для получения того, что несет в себе третья часть.

Цель серии книг о Сыновстве – помочь вам начать разговор с Яхве и углубиться в Нем. Я целенаправленно не собираюсь цитировать каждый стих или полностью объяснять каждую освещенную здесь тему, потому что надеюсь, что вы будете исследовать то, чем я делюсь, и самостоятельно раскрывать для себя эти вещи. Цель состоит в том, чтобы вы приносили все, что узнали и прочитали в этой книге, Иисусу. Он поможет вам отфильтровать полученную информацию и покажет, как она может снарядить вас для вашего личного путешествия с Ним. Слова этой книги станут лишь дополнительным «головным» знанием, если вы не позволите Иисусу показать вам содержащееся в них откровение для сердца. «Головное» знание – это все, что вы узнали *об* Иисусе, но по-настоящему не знаете и не верите в это своим сердцем/душой. Оно опасно тем, что настраивает людей против истины. Они думают, что *знают* истину, но не знакомы с Самой Истиной. Истинное преображение происходит, когда мы встречаемся и соглашаемся с Истиной в своей душе. Вот почему для достижения зрелости сынам Божьим так важно научиться пребыванию в Иисусе. Серия книг о Сыновстве создана для того, чтобы дать вам ровно столько информации, сколько необходимо для пробуждения в вас жажды по большему. Я хочу, чтобы все, что сказано в этих книгах, мотивировало вас идти и искать Иисуса. Когда ищем Его, мы становимся все более похожими на Него.

В книге «Возрастание в сыновстве» (2-я часть) мы рассмотрели ошибочные системы убеждений, а в данной части мы рассмотрим душевные раны, исцеление которых поможет нам углубиться в зрелости как сынам. Частью возрастания в сыновстве является обновление разума, включающее необходимость посмотреть прямо на свои глубочайшие душевные раны, потому что они, а также ложь, в которую мы верим, играют важную роль, удерживая нас от хождения в полноте и изобилии жизни, которую приготовил для нас Иисус. Смотря в лицо своему прошлому, мы получаем свободу, чтобы войти в свое наследие. Эта книга бросит вам много вызовов, однако если вы готовы встретиться лицом к лицу с темными уголками своей души и принести их Иисусу, то переживете огромную свободу. Внутреннее исцеление дается нелегко, но, на мой взгляд, эта боль всегда того стоит, ведь только отдав ее Иисусу, мы сможем начать путь исцеления, чтобы освободиться от нее навсегда! Исцеление – это прекрасная часть нашего путешествия, и, принимая этот процесс, мы обнаруживаем, что Бог верен и Он намного лучше, чем мы думали раньше. Если вы готовы к большему, тогда пристегнитесь! Нас ждет незабываемая поездка.

Глава первая

НАЧАЛО ПУТЕШЕСТВИЯ

Я была сломленной, потерянной и религиозной христианкой. Всего моего «головного» знания (из чтения Библии, учений и книг) было недостаточно, чтобы исцелить боль, которую испытывала моя душа. Религия не только не помогла мне разобраться с душевными ранами, но можно даже сказать, что она наоборот УСИЛИЛА некоторые из них. Иисус – ЕДИНСТВЕННЫЙ источник жизни и исцеления. Религиозные обязанности и учения не имеют НИКАКОЙ способности исцелять душу, но по мере того как мы начинаем строить личные отношения с Иисусом и ПОЛУЧАТЬ Его исцеление, наше сердце начинает путь преображения. При этом я хочу подчеркнуть, что, даже находясь в личных отношениях с Иисусом, можно слышать истину и проводить время с Ним, но все же по-прежнему оставаться неисцеленным.

Иакова 1:22 (Дословный перевод ТРТ): «Не следует просто слушать Слово Истины, не реагируя на него, ибо в этом суть самообмана. Позволяйте Его Слову быть подобием стиха, написанного и исполненного в вашей жизни!»

Ключ к обновлению ума (преображению души) – это наше согласие с истиной. Мы не испытаем преображение, прочитав истину в Библии, услышав ее на проповеди или даже разговаривая с Самим Иисусом, пока не ПРИМЕМ ее в свое сердце. Иуда в течение многих лет ходил с Иисусом во плоти, однако, поскольку его сердце не принимало истину, которую слышал, он оставался обманутым. Это доказывает, что дело не в нашем знании истины или даже не в личных отношениях с Иисусом. Преображение души достигается нашим ПРИНЯТИЕМ того, что Он говорит.

Мой путь исцеления начался на молодежной группе в зимнем лагере. Я была очень религиозной, но мою душу терзали боль и страх. В том лагере я услышала, что можно иметь личное и близкое общение с Иисусом вместо отстраненных рабских отношений с Богом. Во время своего первого личного взаимодействия (встречи) с Яхве я увидела себя в порванной и запятнанной одежде. Я подошла к мирному домику, окруженному прекрасным садом. Когда я открыла маленькую ведущую к нему калитку, Бог Отец, переполненный любовью, сбежал с крыльца мне навстречу. Он встретил меня на дорожке, ведущей к входной двери, но я даже не смогла поднять на Него глаза. Бог Отец был так рад видеть меня, что Ему захотелось поднять меня и заключить в Свои огромные объятия. Несмотря на Свое волнение, Он сдерживал Себя ради меня, потому что я еще не была готова к этому. Дрожа от стыда и неуверенности, я опустила глаза в землю и сказала: «Они сказали мне, что Ты любишь меня». Бог Отец нежно приподнял мой подбородок. Я была так смущена, наблюдая за тем, как развивается это видение, что усмехнулась и подумала про себя: *«Да, я знаю, что Он любит меня. И я не такая неуверенная и сломленная».* Я была «сильной», а не слабой, как показывало это видение. Даже при том, что не понимала увиденного, я не обрывала этот инкаунтер, чтобы посмотреть, что еще произойдет. Когда Бог Отец приподнял мое лицо за подбородок, Его полные любви глаза пронзили мою душу. Все мои раны вышли на свет, и прошлое было обнажено, но, несмотря на сущий беспорядок в котором находилась моя душа, Он все равно сильно любил меня. Он видел меня всю, но при этом любил такой, какая я есть. Я не знаю, как объяснить глубину и силу того, что Бог Отец сказал мне в тот момент. Его слова были больше, чем просто слова... они были самой ЖИЗНЬЮ. Они пронзили мое сердце и пробудили что-то внутри меня: «Я всегда любил тебя, по-настоящему любил тебя такой, какая ты есть. Я ждал этого момента. Добро пожаловать домой!» В тот момент, когда Он обратился к моему сердцу, я пережила полное сокрушение. Видение завершилось, но я была полностью охвачена и сокрушена Его любовью.

Та первая встреча навсегда изменила мою жизнь. Если бы я остановила ее или отказалась от нее из-за непонимания, то упустила бы ключевой момент в своей жизни. И ХОТЯ том лагере я не получила мгновенного исцеления, мои страхи не исчезли полностью, и не все раны моей души были излечены во время той первой встречи, это стало началом моего пути к достижению целостности. Сделав выбор принять те слова, которые Яхве и Иисус сказали мне, я начала видеть, как моя душа стала радикально меняться. Шоры постепенно спадали, и я начала жить в большем спокойствии и радости, чем когда-либо прежде. Я хочу со всеми поделиться этой свободой и именно поэтому решила написать данные книги.

Мне было невероятно сложно честно взглянуть на свои душевные раны. Мои самые темные страхи, боль и эмоции были заперты глубоко, ГЛУБОКО в сердце. Я не хотела смотреть на самые темные уголки своей души: я потратила много сил, чтобы запереть их подальше, чтобы мне НЕ пришлось сталкиваться с ними лицом к лицу. Иисус показал, что чем дольше я игнорирую свои внутренние раны, тем больше энергии потребуется, чтобы держать их взаперти, и что, в конце концов, боль перекрывает мою способность их удерживать: они уже влияли на мою жизнь, но я этого не замечала. Я жила, мирясь со своей душевной болью, стараясь занять себя так, чтобы не замечать ее.

Иисус приглашал меня все глубже в Свое сердце, и я жаждала больше познавать Его, но по мере приближения к Нему, мои душевные раны открывались, сопротивляясь этому. Тогда я реально начала осознавать: чтобы иметь больше Иисуса, мне придется разобраться с тьмой в своей душе: она была как тяжелый груз, который мешал мне летать с Господом. Я решила довериться Ему. Я решила, что все, чего я хочу, – это Иисус, чего бы мне это ни стоило. Я чувствовала, что рискую всем, чтобы разобраться с монстрами боли внутри меня. И, к моему удивлению, Иисус оказался достаточно велик для всего, с чем я столкнулась! Я думала, что мне нужно «умереть и попасть на Небеса», чтобы освободиться от всей своей душевной боли, но я в корне ошибалась! В своей религиозности я очень ограничила представление об Иисусе.

Самые большие препятствия для нашего роста как сынов Божьих – это неправильные убеждения и душевные раны. Все это влияет на то, как мы воспринимаем реальность, и определяет наши отношения с Яхве. Очень часто мы ослеплены тем опустошением, которое причиняют в нашей жизни сердечные раны. В самом начале своего пути к внутреннему исцелению, я была ТАКОЙ разбитой, слепой и потерянной... несмотря на то, что являлась христианкой всю свою жизнь. Я не видела, как страх, гнев и множество душевных ран влияют на КАЖДУЮ сферу моей жизни. Чем больше я исцелялась, тем сильнее жаждала еще большего исцеления. Я не представляла, что могу чувствовать себя так хорошо! Я начала понимать, что мое прежнее состояние меня ослепляло.

Реальность изобильной жизни была настолько отфильтрована моими неправильными убеждениями и душевными ранами, что я могла думать только о себе.

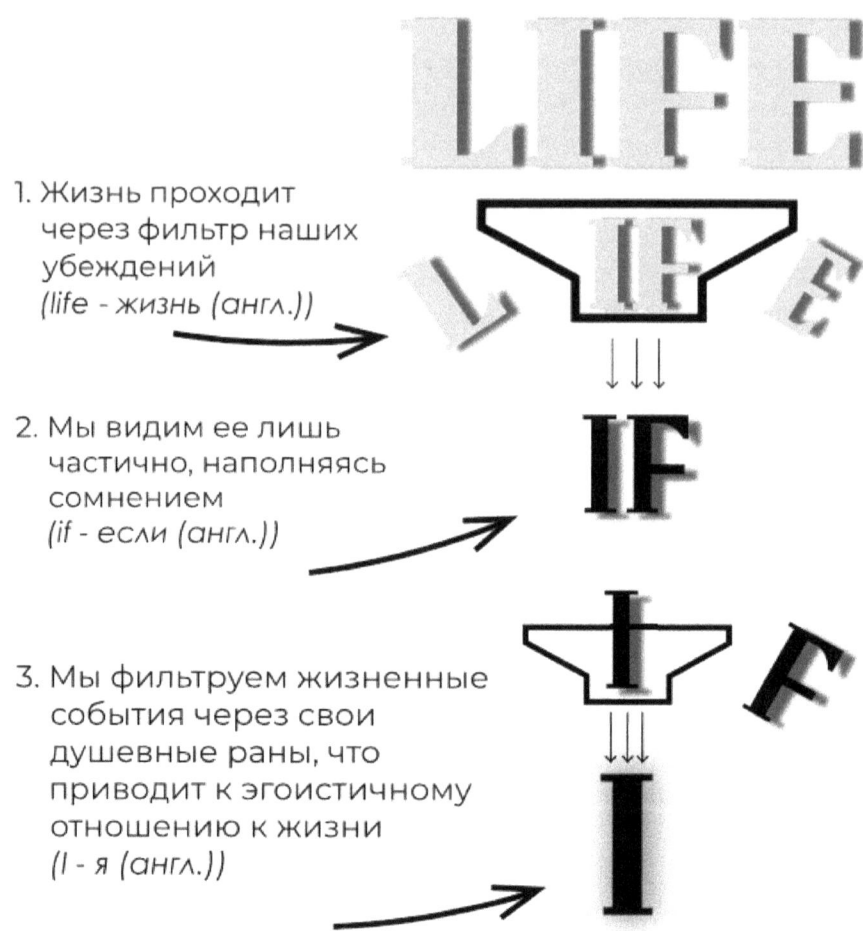

1. Жизнь проходит
   через фильтр наших
   убеждений
   (life - жизнь (англ.))

2. Мы видим ее лишь
   частично, наполняясь
   сомнением
   (if - если (англ.))

3. Мы фильтруем жизненные
   события через свои
   душевные раны, что
   приводит к эгоистичному
   отношению к жизни
   (I - я (англ.))

Изобильная жизнь УЖЕ представляет собой нашу текущую реальность: мы просто ослеплены болью и не видим этого. Чем больше заживают наши сердечные раны, и чем больше мы верим в истину, тем больше мы видим и живем в изобилии. Мы – те, кто фильтрует все, что Бог нам дал. Хорошая новость заключается в том, что Иисус выполнил ВСЮ работу для нашего спасения, исцеления и прорыва. Все, что нам нужно, – это принять то, что Он уже совершил.

Докапываясь до корня своей душевной боли, мы видим, что она всего лишь индикатор, указывающий на ту сферу души, которая не согласна с Истиной... ПОКА ЧТО. У моей дорогой подруги было видение о реальности нашей боли и душевных ран. В видении она гуляла с Иисусом в саду своего сердца. Оглядевшись, она увидела множество душевных ран, которые носило ее сердце, однако, к ее удивлению, они были похожи на яйцеобразные штуки, лежавшие на земле. Ее сердце не было ранено на самом деле: она БЫЛА исцелена, и хотя раны *присутствовали*, они никак не влияли на ее исцеление. То, что сделал Иисус, не могло быть отменено. Он исцелил ее, и она могла согласиться с уже полученным исцелением или же позволить ранам поселиться в своем сердце. Выбор был за ней.

Я верю, что внутреннее исцеление в целом можно резюмировать следующим образом: **любая внутренняя сфера, где мы соглашаемся или выбираем ЧТО-ЛИБО, помимо Иисуса, – это область, которая приводит к смерти в нашей жизни. Чтобы исцелиться от душевных ран, все, что нам нужно сделать, это выбрать Иисуса и Его истину вместо боли и ее лжи.** Это очень просто, но сделать это невероятно трудно. Все, что нужно, это сказать «да» Иисусу в каждой сфере своей души, и все будет исцелено. Однако, выбирая Иисуса вместо душевной боли, мы проходим через очень интенсивный процесс. Страх, отвержение, обида, травма и жизненный опыт – все это утверждает нам одно, а Иисус говорит другое. Очень тяжело позволить Иисусу переучить нас всему, что, по нашему мнению, мы уже знаем, но оно того стоит! К счастью, со временем, по мере того как наша душа начинает больше доверять Иисусу, это становится все легче и легче.

Я не преуменьшаю сложность работы с самыми напряженными и болезненными сферами нашей души, мне лишь хочется разбить эти эмоциональные камни преткновения на осязаемые части, чтобы создать возможность заглянуть ЗА стену боли. Не замечая ничего, кроме боли, мы теряем из виду Иисуса, а когда смотрим на свои внутренние раны со стороны, видим, что происходит на самом деле, и это помогает нашей душе цепляться за Иисуса вместо боли. В связи с этим, в данной книге мы будем систематически анализировать и разбираться с наиболее распространенными душевными ранами, с которыми сталкивается каждый.

Каждый момент мы принимаем решение (обычно подсознательно), с кем или с чем соглашаться. Божья истина вечно звучит во всем творении, но враг все равно обвиняет Яхве своей извращенной ложью и искаженной правдой. Даже демоническое давление сводится к тому, что наша душа соглашается с ложью врага: мы принимаем либо слова бесов, либо Иисуса. «Дьявол заставил меня сделать это», – это ложь врага, пытающегося заставить нас поверить, что мы бессильны, потому что во всем творении нет силы или духа достаточно мощных, чтобы отнять у нас дар свободной воли. Если бы враг был способен на это, мы ВСЕ были бы мертвы.

От Иоанна 10:10 (Дословный перевод BSB): «Вор приходит только для того, чтобы украсть, убить и погубить. Я пришел, чтобы они имели жизнь, и имели ее во всей ее полноте».

Каждая душевная рана – это сфера наших сердец, где мы купились на ложь. Все, с чем мы соглашаемся, получает власть и влияние на нашу жизнь. То, что мы купились на подделку, НЕ означает, что мы навечно привязаны к этому выбору. В любой момент мы можем отвергнуть ложь и принять вместо нее правду. Библия называет этот процесс обновлением ума: чем больше мы соглашаемся с Истиной, тем больше преображается наша душа и жизнь. Чтобы начать путь преображения души, нужно иметь в виду несколько вещей:

- **Чувства не являются индикаторами истины.** Враг не лжет нам о чем-то абстрактном. Это было бы слишком очевидно, и мы, вероятно, не клюнули бы. Что он делает, так это берет *часть* правды, и вплетает в нее ложь, так что для нас это *кажется* правдой... потому что это отчасти так. Чем больше мы соглашаемся с ложью врага, тем более обманутыми и нездоровыми становимся. *(Нездоровое состояние ума – это любая сфера нашего разума, которая не несет звук/частоту Небес.)* Обычно то, что Иисус говорит нам, на самом деле сначала *кажется* неправильным, потому что мы ослеплены и обмануты. Для нездорового ума истина <u>ощущается</u> и <u>звучит</u> как ложь. Вот почему наши чувства не являются индикаторами истины. Когда мы выбираем начать верить Иисусу вместо лжи, это ВЫБОР, а не чувство.

Внутреннее исцеление сравнимо с изменением привычек нашего физического тела. Попробуйте сейчас скрестить руки. А теперь скрестите их в противоположную сторону (например, правую поверх левой, затем наоборот). Если вы на самом деле попробовали скрестить руки сначала в одну сторону, а затем в другую (а не просто прочитали), вы почувствовали/поняли, что один способ *кажется* нормальным и правильным, а другой – неудобным и неправильным. Дискомфорт, который мы испытываем, когда по-другому скрещиваем руки или переплетаем пальцы, показывает, насколько странной может *казаться* истина нашей душе, потому что ей известен только один способ жить – во лжи и сломленности. Поэтому когда мы начинаем жить по-новому – в истине и целостности – наша душа чувствует *себя* непривычно и неправильно, пока происходит этот процесс.

- Заживление душевных ран требует ВРЕМЕНИ, и период, необходимый для восстановления, зависит от уровня подчинения Богу и усердия, с которым мы подходим к этой внутренней травме. Исцеление сердечных ран аналогично исправлению вредных привычек. Душа привыкла переносить боль и соглашаться с ложью, и ей потребуется время, чтобы усвоить новую привычку соглашаться с правдой вместо лжи. Если мы бескомпромиссно отвергаем ложь и принимаем правду, наша душевная рана заживет быстрее. Однако, когда мы занимаемся душевным восстановлением вполсилы и не выбираем истину прилежно и постоянно, исцеление занимает больше времени.

- Дело не в том, что с нами происходит, а в том, как мы ВОСПРИНИМАЕМ окружающие события. Событие, которое может иметь БОЛЬШОЕ значение для одного человека, может быть даже не замечено кем-то другим (например, необходимость изменить свой распорядок дня из-за неожиданных обстоятельств). МЫ САМИ решаем, как воспринимать и обрабатывать жизнь вокруг нас. Возможно прожить жизнь, не принимая никакой лжи врага, несмотря на то, что с нами происходит. Иисус пережил отвержение, предательство и все виды сломленности в этом мире, и все же Он никогда не соглашался ни с какой ложью врага. Христос показал нам границы возможного – мы можем жить в изобилии и целостности независимо от своих обстоятельств! УРА Богу!!!

- Чтобы быть целостными, мы должны ВСЕ приносить к Иисусу. Если наше сердце согласно с ложью, то в этих областях мы выбираем сотрудничать со смертью, а не с жизнью. Более того, как правило, мы не знали ничего, кроме жизни С душевными ранами и дисфункцией, поэтому нам обычно сложно распознать ложь врага. Нам может казаться, что у нас «все очень хорошо», но на самом деле просто привыкли к этому рабству. Вот почему мы хотим, чтобы Иисус просеял и исцелил ВСЕ сферы нашей жизни – и хорошие и плохие. Когда мы приносим Ему все, Жизнь начинает преображать все аспекты нашей жизни.

- Неважно, насколько глубоки душевные раны, Яхве всегда достаточно велик, чтобы исцелить каждую сферу нашего сердца. Чем больше Яхве в нашем восприятии, тем более могущественными и полными надежды мы становимся. Его благодати более чем достаточно. Его любовь постоянно стремится к нам и приглашает избавиться от боли, которая может казаться непреодолимой, особенно в начале пути исцеления. Чувство, что мы застряли и нас не излечить, что все безнадежно, и мы бессильны, – это адская ЛОЖЬ, пытающаяся удержать нас в цепях.

- Радуйтесь и относитесь с почтением к встречам с Богом, которые вы переживаете, неважно насколько «мелкими» или незначительными они кажутся. Мы все уникальны, поэтому путь каждого человека с Яхве будет отличаться от других. Очень легко начать сравнивать и разочароваться из-за того, что вы не слышите, не видите и не встречаетесь с Богом так, как это делает *вставьте имя*. Враг позаботится о том, чтобы ВСЕГДА был кто-то, с кем вы могли бы сравнить свое хождение с Господом. Когда мы сосредотачиваемся на других людях и на том, как они ходят с Иисусом, мы теряем из виду прекрасные вещи, которые Яхве делает в НАШЕЙ жизни. Вместо этого мы можем сосредоточиться на своем уникальном личном взаимодействии с Яхве и превратить их в выражение наших собственных прекрасных отношений с Ним. Когда мы сотрудничаем с разочарованием или унынием из-за предполагаемого «недостатка» в наших отношениях с Иисусом, это тормозит наш рост и сдерживает нас, принося смерть. Празднуя, благодаря и почитая уровень своего хождения с Иисусом, мы придем к более глубоким и личным встречам. Чем больше мы ценим то, что нам дано, тем больше оно будет расти. Самое сложное – просто НЕ ЗАБЫВАТЬ почитать и радоваться этим встречам.

Помня об этих вещах в процессе исцеления душевных ран, мы помогаем защищать свои сердца от уныния и разочарования в ходе этого процесса. Очень легко впасть в уныние, сталкиваясь с болезненными сферами своей души, которых мы пытались избегать... НО это необязательно! Мы едины с Иисусом! Мы можем устремить свой взор на Него! Чем больше мы смотрим на Него, тем быстрее исцеляемся и растем. Процесс восстановления естественным образом становится менее болезненным, потому что наши глаза устремлены на НЕГО, а не на нашу боль.

Процесс устранения ЛЮБОЙ лжи или душевной раны можно свести к следующим шагам:

1. ОПРЕДЕЛИТЕ ложь или душевную рану.

   o На этом этапе я задаю Иисусу такие вопросы, как:

      • В какую ложь я верю и готов(а) поговорить о ней сегодня?

      • Есть ли какие-нибудь душевные раны, которые я готов(а) исцелить?

2. РАЗОРВИТЕ СОГЛАШЕНИЕ с ложью или душевной раной.

   o Как только Иисус обозначил сферу нашей души, нуждающуюся в исцелении, мы выбираем – соглашаться с тем, что сказал Иисус, или нет. Это, вероятно, самый трудный шаг. Как мы уже говорили, бывает очень сложно принять решение верить Иисусу вне зависимости от своей боли и того, что думает и чувствует душа.

   o Например, как только я определила ложь, я хочу посмотреть на эту ложь или душевную рану непосредственно во время инкаунтера. (Здесь и далее слово «инкаунтер» будет означать личную встречу с Богом.) Иногда ложь или раны выглядят как существа (мерзкие твари и т.д.) или какие-то предметы (цепи, грязь и т.д.). В любом случае, я смотрю на эту ложь и говорю что-то вроде: «Я решаю разорвать все соглашения с тобой. Ты лжец и вор, и я больше не хочу, чтобы ты была в моей жизни».

3. ПРИНИМАЙТЕ (или выбирайте верить в) правду вместо лжи.

- o Последний шаг – принять истину, которую Иисус показал нам относительно душевной раны или лжи, в которую мы верили. Чтобы исцелиться, недостаточно просто отвергнуть ложь или разорвать соглашение с душевными ранами. Самый важный шаг – ЗАПОЛНИТЬ эту сферу души правдой, иначе наша душа вернется ко лжи/боли, потому что у нее нет правды, на которую можно опереться.

- o Сразу после разрыва соглашения с ложью я смотрю на Иисуса и говорю что-то вроде: «Я выбираю верить тому, что Ты говоришь, и буду цепляться за это, даже если не понимаю».

Другой способ сделать эти шаги – совершить «обмен» с Иисусом. Вы можете отдать Иисусу ложь или душевную рану и спросить, что Он дает вам взамен. Он – гений обмена и всегда дает взамен правду, лучший «товар» или чувство (например, мир или радость). После завершения сделки вам по-прежнему важно принять все, что дал вам Иисус. Все сводится к нашему намерению: заключаем ли мы сделку с Иисусом, разрываем соглашение с ложью и выбираем истину или используем другой метод, важно то, что мы по своей воле выбираем Яхве превыше чего-либо еще.

Важно упомянуть, что невозможно использовать знания, данные в этой книге, чтобы исцелить душу своими силами. Эта информация не преображается в здоровье или зрелость души. Как и в случае с Иудой, недостаточно просто услышать правду. Наша душа была создана для единения с

Яхве – это единственная самая важная часть. СЫНовство – это про единство и принадлежность К семье Яхве. Даже в отношении внутреннего исцеления и трансформации души речь идет не о том, чтобы что-то «понять» и подтянуть себя к лучшей форме. ВСЕ, что мы делаем и осмысливаем, должно происходить из близости и пребывания в Иисусе.

В данной части исследуем некоторые общие душевные раны, от которых мы все страдаем, и прольем свет на те болезненные сферы, которые мы скрываем. В конце каждого раздела есть подсказки для самостоятельного применения, которые помогут вам на вашем пути. Пожалуйста, когда вы применяете их к себе, помните о следующих трех вещах:

1. Подсказки и вопросы предназначены для их проработки ВМЕСТЕ с Иисусом в течение какого-то времени, а не сразу! Помните, важен процесс, а не пункт назначения.

2. Веселая часть заключается в том, что вы вообще можете возвращаться к предыдущим инкаунтерам так часто, как захотите, извлекая из них больше пользы! Эти встречи вечны, следовательно, свежее откровение и вино могут прийти из старых инкаунтеров, когда вы вновь приходите с ними к Яхве!

3. Я настоятельно рекомендую записывать все, что вы услышали, почувствовали, увидели или испытали, когда задавали Иисусу наводящие вопросы. Очень полезно иметь возможность возвращаться назад и перечитывать про эти встречи и видения.

А теперь давайте нырнем поглубже! Для меня большая честь делиться с вами своим процессом. Я надеюсь, что эта книга станет трамплином к исцелению и прорыву в вашей жизни. Внутри вас уже ЕСТЬ все, что нужно через ваше единство с Иисусом. Я молюсь, чтобы эта книга и вся серия помогли вам подключиться к изобильной жизни, которая уже заложена в вас.

2-е Петра 1:3-4 (Дословный перевод ТРТ): «Все, что нам

могло когда-либо понадобиться для жизни и благочестия, уже вложено в нас Его Божественной силой. Ибо все это было излито на нас через богатый опыт познания Того, Кто назвал нас по имени и пригласил прийти к Нему через славное проявление Своей доброты. В результате этого Он дал вам великолепные обещания, которым нет цены, чтобы через силу этих потрясающих обещаний мы могли испытать партнерство с Божественной природой, благодаря которому вы избежали порочных мирских желаний».

1-е Иоанна 2:27 (Дословный перевод NLT): «Но вы получили Святого Духа, и Он живет внутри вас, поэтому вам не нужно, чтобы кто-то учил вас тому, что истинно. Ибо Дух учит вас всему, что вам нужно знать, и то, чему Он учит, истинно – это не ложь. Поэтому, как Он научил вас, оставайтесь в общении со Христом».

Глава вторая

СОВЕРШЕННАЯ ЛЮБОВЬ ИЗГОНЯЕТ СТРАХ

В детстве я была слишком хорошо знакома со страхом, который был моим величайшим мучением, а сейчас – одно из моих величайших открытий. Мое партнерство со страхом началось еще в детстве, когда я подверглась сексуальному насилию. Вдобавок эта травма открыла мои духовные глаза, и я стала видеть демоническое царство, наполнившее мои детские и подростковые годы страхом, сильным стыдом за свое тело, ночными кошмарами и встречами с бесами. Я мучилась примерно с 6 лет, видя нечистых духов. К счастью, обычно я замечала их только ночью, поэтому стала ненавидеть это время суток, так как у меня было всего два варианта: страдать, видя демонов наяву, или мучиться во сне от ночных кошмаров (это были очень страшные сны, казавшиеся реальными). По мере взросления, я все больше и больше боялась мужчин, боялась потерпеть неудачу, боялась бесов и ночных кошмаров, а также страшилась того, что думали обо мне люди.

Излишне говорить, что я была сломленной маленькой девочкой. Моя религиозность никак не затрагивала глубокую боль от внутренних ран. Я находила утешение в библейских обещаниях, но само по себе чтение Библии не приводило к душевному исцелению. Я знала, что Бог любит меня, и что совершенная любовь изгоняет страх, но как?

Такова была моя жизнь, это было все, что я знала, пока я не встретилась с Совершенной Любовью. В первый же вечер в том молодежном зимнем лагере все изменилось: я впервые встретилась с Яхве лицом к лицу во время инкаунтера, и это полностью сокрушило меня, но только в хорошем смысле. Яхве не отстранялся и не осуждал меня: Он вообще сильно отличался почти от всего, что мне рассказывали о Нем. Я узнала, что Яхве видит МЕНЯ. Яхве любит МЕНЯ и хочет личных отношений со МНОЙ. Яхве – не какой-то далекий хозяин, которому я служила всю свою жизнь, Он – МОЙ любящий Отец, Который ждал, пока я поверю Ему, а не лжи.

После этой первой встречи я решила полностью погрузиться в эти отношения. Я хотела Иисуса целиком. Его любовь влекла меня, и я решила получить от Яхве все, что могла. Я сказала Ему свое «да» и посвятила всю себя, чего бы это мне ни стоило. Яхве сказал, что если я отдам Ему всю себя, то смогу получить всего Его. С тех пор я иду по этому пути, учась отдавать Ему каждую сферу своей жизни, чтобы по-настоящему, полностью подчиниться Ему.

Я начала понимать, что мне нужно выбрать либо принять истину Иисуса для исцеления, либо продолжить испытывать боль и мучения. Вместо того чтобы продолжать пребывать в своей боли и злиться на Бога, я решила пойти К Нему, чтобы обрести вновь целостность. Мне было невероятно сложно посмотреть в лицо своим глубочайшим страхам и душевной боли, но я ОЧЕНЬ рада, что все-таки решилась на это. Теперь, оглядываясь на свое детство, я вижу только Иисуса, прикрывающего меня во время жестокого обращения, и все, что чувствую, – это Его покой и целостность. Потребовались годы целенаправленных усилий, чтобы научиться приносить свою боль и страхи Иисусу, но это стоило каждого мгновения. Перенесемся в сегодняшний день: мучения, через которые я прошла в детстве, теперь стали далекими воспоминаниями, потому что вся боль, стыд за свое тело и душевная травма, все ночные кошмары и страхи – ВСЕ просто растаяло.

Проходя через этот процесс и учась снова и снова выбирать истину, я постепенно начала понимать, что страх – лжец и вор. Раньше я думала, что пугающие меня мысли помогали оставаться в безопасности, не замечая, что именно этот страх и был моим мучителем, изо всех сил старавшись убить меня, украсть и разрушить мою жизнь. Страх был моим ВРАГОМ! Я сама купилась на ложь и решила принять ее мучения, НО Иисус взял все, что враг предназначил для зла, и использовал это для моего исцеления и прорыва. Он забрал всю мою разбитость и создал нечто прекрасное внутри меня, и сейчас я на все более глубоких уровнях продолжаю учиться жить в Его целостности. Я определенно не могу утверждать, что уже во всем «разобралась» (этот процесс вообще направлен на другое!), но сейчас я свободней, здоровей и целостней, чем когда-либо. Путь сыновства – это драгоценный и чудесный танец с Иисусом. И он ОПРЕДЕЛЕННО того стоит.

Важное примечание. Говоря о страхе, важно упомянуть, что ЕДИНСТВЕННЫЙ страх, который нам дозволен как сынам Божьим, – это страх Господень. Это ЕДИНСТВЕННЫЙ страх, который НЕ является лжецом или вором, потому что это не дух страха и не наш враг. Согласно Исаие, страх Господень – это один из семи духов Божьих, и он чист и свят, он – от Самого Яхве.

Забавный факт о страхе Господнем: меня беспокоило, что переводчики Библии выбрали английское слово «fear» (страх) в словосочетании «страх Господень», ведь Яхве повелевает нам НЕ бояться. Поэтому я провела некоторые исследования и обнаружила, что на иврите слово «страх» в словосочетании «страх Господень» переводится с двух слов: либо *пачад*, либо *ир'ах*.

- *Пачад* – означает «дрожать, пребывать в трепете, быть настороже или в ужасе». Он ДЕЙСТВИТЕЛЬНО значит «быть напуганным и пребывать в ужасе».

- *Ир'ах* означает «почитать, доверять или трепетать от радости». Это корневое слово вообще не имеет отношения к страху или ужасу. Это спокойная уверенность и радость!

Исследуя корни этих слов, я спросила о них Яхве, и Он показал мне нечто мощное: когда мы чувствуем *пачад* (ужас), это чувство исходит не от нас. Его производят ложь и страхи, с которыми мы согласны; именно ОНИ испытывают ужас по мере приближения Яхве. Бог НЕ испытывает страха внутри Себя, следовательно, и дух страха Господня не может иметь своим корнем страх или ужас, а так как мы едины со Христом, значит МЫ тоже не наполнены страхом или ужасом по отношению к Яхве. Таким образом, когда мы во всем разбираемся и освобождаемся от своего партнерства со страхом, *пачад* Господа, который мы ощущаем, превращается в *ир'ах* Господа! По мере того как наша душа исцеляется и все больше доверяет Яхве, мы начинаем чувствовать почтение, доверие и РАДОСТЬ Господа (*ир'ах*). Яхве объяснил мне, что дух страха Господня по своей природе всегда *ир'ах*, но некоторые люди воспринимают его как *пачад* из-за своих душевных ран!

Забегая вперед, скажу: всякий раз, когда я говорю о страхе в этой главе, я не говорю о страхе Господнем. Я имею в виду дух страха, который подсовывает нам ложь. Итак, мы рассмотрели мельчайшие подробности страха, а теперь можно погрузиться в то, КАК освободиться от него!

ОСНОВНЫЕ КОМПОНЕНТЫ СТРАХА

Страх:

а) чувство тревоги или ужаса;

б) демонический дух, чья основная характеристика – страх.

Страх – это базовая эмоция, с которой каждый сталкивается в какой-то момент своей жизни. Это интересное чувство, потому что все люди воспринимают его по-разному: то, что приводит в ужас одного, может доставлять удовольствие другому (например, катание на американских горках). Это означает, что страх субъективен и зависит исключительно от человека. Люди по-разному ощущают эту эмоцию, причем многие совершенно не замечают, какие сферы их жизни подвержены страху. Более того, любой человек может выбрать чего-то бояться.

Если разобрать страх на части, то начинается он как мысль или эмоция. Не все мысли или эмоции, которые мы испытываем, исходят от нас самих, потому что наш враг – это мастер внушения разных мыслей и эмоций. Дух страха может внушить страшную мысль или чувство, но именно душа решает, согласиться с этим или нет. Мы видим подобные примеры в Эдемском саду, когда Ева была обольщена, и когда Иисус был искушаем в пустыне. В обоих случаях им была предложена мысль, и они сами должны были решить, что с ней делать: Ева выбрала согласиться с обманом, тогда как Иисус проверил его на соответствие слову Божьему и отверг предложения сатаны.

Мы КАЖДЫЙ день совершаем один и тот же выбор, зачастую даже не осознавая этого. Каждую минуту наша душа (чаще подсознательно) решает, что делать с каждой мыслью и чувством, с которыми мы сталкиваемся, и в зависимости от своих убеждений она выбирает соглашаться с ними или отвергать. Наш жизненный опыт, то, во что нам сказали верить, и наше познание истины – все это влияет на решения души касательно того, с чем она предпочитает соглашаться.

О страхе говорится снова и снова, потому что он ОЧЕНЬ разрушителен для наших душ. Страх – это ЛЖЕЦ и ВОР, и не важно, как правдиво он может звучать. Связывая нас и не позволяя увидеть правду, он захватывает наши души так, как ничто другое. Он воздействует и на наше физическое тело, иногда даже до такой степени, что временами нас парализует, и влияние страха очень осязаемо и мощно, ПОЭТОМУ повеление «Не бойся!» так часто повторяется в Библии. Страх не дает нашему разуму уподобляться разуму Христа, заменяя его нездоровым рассудком, который не может ясно мыслить и видеть.

Страх – враг Бога, а следовательно, и наш. Более того, этот враг НЕНАВИДИТ нас. Дух страха не пытается помочь или защитить вас от вреда, он хочет лишь украсть, погубить и разрушить наши жизни. Зачастую религиозные люди, зная о повелении не бояться, просто изменяют свои слова, но сохраняют страх внутри: «Я просто обеспокоен»; «Поступить так будет мудро», «Ты ведешь себя безрассудно». Переименованный страх не меняет своей сути и по-прежнему приносит смерть. Часто люди неосознанно называют страх другим именем, потому что большинство не осознает свое подсознательное партнерство со ним, однако в конечном итоге это не имеет значения: страх все равно остается страхом. Это РЕАЛЬНО враг, и вера в его ложь всегда приносит смерть.

Мы можем выбрать бояться ЧЕГО УГОДНО, что приводит к бесконечному количеству страхов, которые можно разбить на несколько категорий, или корней. Практически каждый страх проистекает из одного из этих 5 корней:

- Страх смерти (своей или кого-то из любимых людей).

- Страх боли (эмоциональной или физической).

- Страх неудачи.

- Страх быть отвергнутым.

- Страх недостатка (что чего-то будет не хватать).

Чтобы освободиться от бесконечных ветвей дерева страха, необходимо решительно сопоставить эти 5 корней с тем, что говорит Иисус. Каждому из них противостоят разные грани истины, а значит каждый корень нужно приносить Иисусу по одному за раз. Например, истина, разрушающая страх смерти, отличается от той, что ниспровергает страх неудачи.

СОВЕРШЕННАЯ ЛЮБОВЬ ИЗГОНЯЕТ СТРАХ

1-е Иоанна 4:16 (Дословный перевод TPT): «Мы пережили близкое знакомство с Божьей любовью, и мы доверяем той любви, которую Он питает к нам. Бог есть любовь!..»

1-е Иоанна 4:18 (Перевод автора): «В любви-агапе Отца нет страха, но Его совершенная любовь изгоняет наш страх. Ибо страх порождает мучения, а тот, кто испытывает мучения, не был исцелен любовью-агапе Отца». [Слово «агапе» вставлено для ясности. Божья любовь идеальна, целостна и совершенна. Его любовь-агапе – это «совершенная любовь» в переводе с греческого языка.]

Совершенная любовь – это радикальная, безграничная любовь Бога, следующая за нами по пятам. Сама сущность Яхве – это любовь-агапе, которая присутствует во всем, что Он делает. Хотя любовь – не противоположность страха, это единственная достаточно мощная сила, способная его одолеть. Нам это известно, потому что мы иногда испытываем смелость и боязнь ОДНОВРЕМЕННО. Например, мать может бояться медведя, но, несмотря на это, проявить мужество для защиты своих детей. В человеческой душе страх и мужество могут и часто идут рука об руку. Мужество позволяет нам действовать вопреки страху, но не изгоняет его.

Мы созданы и существуем силой Иисуса, следовательно, не само существование совершенной любви как таковое, и не бесконечная сила Божья изгоняет страх. Это происходит, когда мы начинаем выбирать и принимать Яхве (Совершенную Любовь) в своей душе, потому что единственный способ избавиться от мучений страха – увидеть истину глазами любви И согласиться с ней. Чем больше мы позволяем любви-агапе преображать нас, тем больше наши страхи теряют силу.

Псалом 22:5 (Дословный перевод ТРТ): «Даже когда Твой путь ведет меня через долину глубочайшей тьмы, страх никогда не победит меня, ибо Ты уже победил!»

Этот перевод данного стиха содержит такую МОЩЬ: страх никогда не победит меня, потому что Ты уже победил! Вот как выглядит вытесняющая боязнь совершенная любовь:

она изгоняет страх, когда мы соглашаемся и возрастаем в Божьей любви. Когда это происходит, и мы начинаем осознавать правду и согласовать с ней свои мысли, наши страхи теряют свое обоснование.

Освобождение от всякого страха сводится к тому, выберете ли вы разорвать свое соглашение с каждым из корней страха и примете ли решение верить Иисусу. Каждый раз, распознавая страх внутри себя, вы имеете возможность принести его к Нему. Испытывая искушения, Христос проверял их по СЛОВУ Божьему. Когда мы приносим свои страхи Богу, мы проверяем их на соответствие Его СЛОВУ. Тогда мы можем принять решение разорвать соглашение со страхом и вместо этого поверить в то, что говорит Иисус. Когда мы только начинаем учиться преодолевать страх, слова Иисуса обычно кажутся нам нелогичными, потому что, соглашаясь со страхом, мы теряем здравомыслие! В таких случаях все сводится к тому, что мы выбираем, независимо от наших чувств.

Как рациональный и логичный человек, я всегда стараюсь сделать шаг назад, чтобы увидеть картину целиком. Эта часть моего характера влияет на то, как я подхожу к внутреннему исцелению. Чувствами и эмоциями легко манипулировать, особенно в момент боязни, например: я могу рассказать забавную историю, заставив людей смеяться, а в следующий момент поведать что-то грустное и довести их до слез. Это доказывает, насколько сильно эмоциональное состояние человека подвержено влиянию, поэтому я стараюсь делать шаг назад, чтобы увидеть суть и общую картину. Так что даже если слова Иисуса кажутся неправдой, я предпочитаю их всему остальному: я уже сказала Ему свое «да».

Есть разные способы разрушить соглашение с ложью страха и выбрать то, что говорит Иисус. Пожалуйста, прочтите 5-ю и 6-ю главы книги «Основание», они вам помогут устранить препятствия при попытке поговорить с Иисусом о страхе. Лично я нахожу эти шаги очень полезными, когда разбираешься со страхом и освобождаешься от него:

1. Признайте свой страх (страхи) и выбор согласиться с ним. Мы можем разобраться только с теми вещами, которые мы готовы увидеть.

2. Принесите страх Иисусу и спросите, что ОН говорит об этом. Недостаточно просто попытаться отречься от страха: нужно получить ИСТИНУ, которая заменит ложь, навязанную страхом.

3. Примите решение разорвать соглашение со страхом и поверить той истине, которую говорит Иисус. Вот здесь и возникает момент трения: ложь страха обычно звучит правдиво даже после того, как вы услышали ИСТИНУ. В подобные моменты я напоминаю себе, что я навсегда отдала свое «да» Иисусу. Чтобы отречься от лжи, я разрушаю все соглашения с ней и принимаю внутреннее решение, что ЛОЖЬ – мой враг. Она крадет, разрушает и убивает мою жизнь, так что я не хочу иметь с ней ничего общего. Даже если истина не звучит правдиво, я выбираю верить ей, потому что Иисус – это Путь, Истина и Жизнь.

4. СТОЙТЕ ТВЕРДО и верьте словам Иисуса до тех пор, пока не укоренитесь в истине. Часто мне приходится повторять 1-3-й шаги по несколько раз. Отвергая ложь и выбирая правду, я редко сразу ощущаю перемены в своем сердце, потому что требуется время, чтобы нездоровая перспектива стала чуждой, а истина превратилась в мое новое основание. Это та часть работы со страхом, которая относится к обновлению мышления. Недостаточно один раз разобраться со страхом, чтобы навсегда обновить свое внутреннее мировоззрение. Страх подобен луковице: обычно он состоит из слоев, и наша душа подсознательно в них верит. Возможно, вам потребуется 100 раз принести тот же самый страх к Иисусу и выбрать истину, но имейте терпение! Не падайте духом! Не важно, сколько времени это займет, ведь каждый раз – это еще один шаг к истине. А каждый шаг к истине – это шаг к разрушению партнерства со смертью в наших сердцах.

Эти шаги – не единственный способ справиться с боязнью. Существует много путей, которые Иисус может показать вам для стратегической борьбы именно с вашими страхами. Все, что нужно, это спросить Его. Независимо от наших способов борьбы, освобождение от страха – это процесс, который приносит ОГРОМНУЮ свободу с каждым шагом! Страх – наш враг. Страх неудачи, страх боли или любой другой страх – ВСЕ это приводит к смерти. Однако мы не увидим необоснованность своей боязни перед чем-либо, пока не начнем принимать Яхве и Его истину. Когда мы выбираем верить Слову Жизни, а не лжи страха, с наших глаз как бы спадает пелена. Мы можем попытаться объяснить тайну, как Совершенная Любовь изгоняет страх, словами, но, только пережив это на опыте, мы сможем реально ее постичь.

Когда я находилась еще на ранней стадии процесса освобождения от страха, Яхве подарил мне невероятный сон. Во сне я служила в одном городе, и вдруг бесовский князь этого места решил сделать меня своей следующей целью. Этот духовный начальник проявил себя в виде 2-метрового гризли, а стоя на задних лапах этот зверь выглядит еще массивнее. Когда я увидела этого медведя, меня мгновенно охватил страх. До этого я уже сталкивалась с демоническим в духовной сфере, но их физическое проявление ужаснуло меня до глубины души. Все это время Святой Дух был рядом со мной, но я была слишком напугана, чтобы обратить на Него внимание и прислушаться к Его голосу. Я пыталась убежать, но медведь был слишком силен, прорываясь через любые двери в укрытия, которые я находила. Я пыталась сбежать на крышу дома, но даже это было бессмысленно: встав на задние лапы, он смог дотянуться до меня и там. Я спрыгнула с крыши и побежала в лес. Очевидно, что такое огромное животное смогло бы догнать меня за считанные секунды, но Святой Дух снова и снова напоминал мне, что этот медведь – всего лишь демонический князь, и что я могу его одолеть. Святой Дух продолжал призывать меня встретиться лицом к лицу с медведем, напомнив мне, как

Бог был с царем Давидом, когда тот столкнулся с этим хищником. Продолжая бежать по лесу, я уже чувствовала горячее дыхание зверя на затылке. Свидетельство победы Давида вывело меня из оцепенения ужаса, застилавшего мои глаза: мне надоело слушать страх. Я остановилась и медленно развернулась лицом к огромному медведю... и верной смерти. У меня не было ни пращи, ни какого-либо другого оружия, я знала лишь, что Святой Дух сказал встретиться лицом к лицу с этим зверем, и что я могу победить его. Я посмотрела в холодные пронзительные глаза медведя, и...моргнула. А когда я открыла глаза, этот огромный зверь уже был мертв! Я стала сильнее ощущать присутствие Святого Духа. Он сказал, что все, что Ему нужно, – это готовый сосуд. Достаточно было моего согласия с Ним, чтобы Он сделал все остальное! Он всего лишь ждал, когда я скажу Ему свое «да». Мне не нужно было стараться или делать что-то своими силами: все, что мне нужно было сделать – это сделать шаг. Мне не нужно было ничего ДЕЛАТЬ... не было никаких усилий или борьбы. На этом я очнулась от сна.

Когда я проснулась, на меня снизошло откровение: мне не нужно было ничего делать – только повиноваться Святому Духу и встретиться лицом к лицу с медведем (символом моих страхов). Мои попытки убежать от него ни к чему не привели, но как только я послушалась Святого Духа... достаточно было моргнуть! Неважно, что страх проявлялся физически: Иисус все равно ЦАРЬ. Я не осознавала, что он не имел надо мной никакой силы и власти, пока не послушалась Святого Духа и не встретилась лицом к лицу с этим медведем! Страх не имеет власти над Иисусом, а значит он не имеет никакой власти надо мной. ЭТО было мощно.

ЖИЗНЬ НА ОСНОВАНИИ СОВЕРШЕННОЙ ЛЮБВИ

Страх разрушает наши радость и покой. Он переводит нас в режим борьбы или бегства, который затуманивает наши мысли необоснованными перспективами. Очевидно, что, когда мы начинаем от него освобождаться, происходит обратный процесс: плод Духа начинает все больше проявляться, становясь осязаемым в нашей жизни, и часто это похоже на то, как если бы мы находились в пузыре Божьей благости. Мы МОЖЕМ жить на основании Совершенной Любви во всех сферах своей жизни. Жизнь полностью свободная от страха реально возможна. Когда мы выбираем согласиться с Иисусом вместо страха, он начинает звучать все более и более необоснованно. Мы можем долго учиться тому, как жить на основании Совершенной Любви, но взамен мы получаем гораздо больше!

Недавно я молилась, запрещая торнадо (да, в физическом мире, а не в видении), которое формировалось над моим домом, и оно прекратилось через несколько секунд. Обычно подобная ситуация весьма «пугающая», но мне даже в голову не пришло испугаться. За день до этого мне приснился сон, как я остановила торнадо, а на следующий день Яхве сказал мне, что один из них формируется прямо возле моего дома. Я не боялась, потому что уже знала, что делать, благодаря недавнему сну. Я вышла на улицу и приказала торнадо остановиться, крикнув в небо: «Во имя Иисуса, не будет никаких разрушений!» Мои дети тоже вышли, чтобы присоединиться к вечеринке по остановке торнадо. Мы все видели, как образуется воронка, а затем на наших глазах ее чудесным образом засосало обратно в небо, как только мы скомандовали, что разрушений не будет. Это было совсем не страшно... это было ВЕСЕЛО!

Быть сыном Божьим – это РЕАЛЬНО весело. Нам не нужно жить, реагируя на все плохое, что происходит в мире: у нас есть власть, и мы можем принимать важные решения. Когда мы переходим из страха в любовь, жизнь становится веселее, и хотя нам не всегда приходится только веселиться, Бог предназначил нам жить в радости и блаженстве. Когда Яхве создавал сад, Он мог назвать его как угодно, но Он назвал его «Наслаждение»! (Слово «Эдем» означает «наслаждение».) Желание Яхве и по сей день состоит в том, чтобы мы жили в блаженстве и удовольствии как сыны Божьи.

Иисус жил и действовал на основании совершенной любви, о которой мы говорим. Перед смертью Он столкнулся со многими «страшными» ситуациями, и все же ничто не потрясло Его. Иисус был настолько укоренен в совершенной любви, что даже перед лицом боли и смерти Он нес в Себе радость:

К Евреям 12:2 (Дословный перевод ТРТ): «Мы отводим взгляд от естественного мира и сосредоточиваем свое внимание и ожидания на Иисусе, Который породил в нас веру и Который ведет нас вперед к ее совершенству. Он показал нам пример: поскольку Его сердце было сосредоточено на радости от осознания того, что ты будешь принадлежать Ему, Он перенес крестные муки и преодолел их унижение, и теперь восседает превознесенный одесную престола Божьего!»

К Евреям 13:6 (Дословный перевод ТРТ): «Таким образом, мы можем с большой уверенностью сказать: «Я знаю, что Господь за меня, и я никогда не буду бояться того, что могут сделать со мной люди!»

Мы МОЖЕМ жить без страха! Мы не обязаны принимать боязнь в «пугающих» ситуациях, потому что, с точки зрения Небес, не существует «страшных» ситуаций, а мы ЖИВЕМ именно с позиции Небес! Нам не нужно присваивать себе травму. Остановить торнадо было весело, но мы также сталкиваемся с «не забавными» вещами. То, что переживал Иисус на кресте, вообще не было забавным, однако Он испытывал радость и непоколебимый мир: даже посреди всех тех обстоятельств Ему было нечего бояться. А Иисус – наш пример во всем. Я уверена, что мы можем пройти через ЧТО УГОДНО, не сотрудничая со страхом или травмой.

Оглядываясь сейчас назад, на все пережитые мной травмирующие события, я вижу только Иисуса, вижу только Его лицо; а все, что я чувствую, – это Его радость. ЛЮБАЯ боль и воспоминание, которые мы приносим Ему, могут быть исцелены и искуплены настолько, что мы сможем смотреть на эти события и не чувствовать ни боли, ни раны. Это МОЩНО – видеть, как Он исцеляет и искупает наши худшие воспоминания.

То исцеление и прорыв, которые пережила я (и даже БОЛЬШЕ!), доступны и вам. Я не особенная. Иисус умер, чтобы НИКТО не погиб. Единственное, что во мне «особенного», это постоянное решение принимать любовь и истину Яхве, которые Он изливает на всех нас. Вы тоже можете так сделать: можно отказаться от обиды и обвинений в адрес Бога и следовать за Ним, несмотря на боль. Если вы готовы отложить все в сторону и пойти за Иисусом, я могу с уверенностью сказать, что это изменит вашу жизнь. Я решила построить личные отношения с Яхве, потому что поняла, что Он – мой единственный Целитель. Я обрела нечто гораздо более ценное, нежели просто исцеление моей души: я обрела Самого Яхве.

Псалом 22 (Дословный перевод ТРТ)

1. Яхве - мой лучший Друг и мой Пастырь. У меня всегда будет более чем достаточно.

   Мы живем в изобилии благодаря отношениям с Яхве.

2. Он предлагает мне отдохнуть в Своей роскошной любви. Его дорожки приводят меня в оазис покоя рядом с тихим ручьем блаженства. Вот где Он восстанавливает и возрождает мою жизнь. Он открывает передо мной правильный путь и ведет меня по Своим стопам праведности, чтобы я мог прославить Его имя.

Его ПРЕДЛОЖЕНИЕ – покой, умиротворение и блаженство. Чтобы принять это предложение, нам нужно согласиться с истиной, но Он не навязывает ее нам! Когда мы принимаем Его предложение, Он восстанавливает и возрождает нашу жизнь.

3. Даже если Твой путь ведет меня через долину глубочайшей

тьмы, страх никогда не победит меня, ибо Ты уже победил! Твоя власть – моя сила и мой покой. Утешение Твоей любви забирает мой страх. Я никогда не буду одинок, потому что Ты рядом.

Нам решать, кто победит нас: страх или Яхве. Его любовь забирает все наши страхи, и мы никогда не бываем одиноки.

4. Ты становишься моим восхитительным угощением, даже когда мои враги осмеливаются сражаться со мной. Ты помазываешь меня благоуханием Своего Святого Духа; Ты даешь мне напиться от Тебя, пока моя чаша не переполнится.

Он – наш ПРАЗДНИК посреди врагов. Присутствие врагов не отнимает у нас того, что дал нам Господь. Обратите внимание на все, что Он делает для нас в этом стихе.

5. Так почему я должен бояться будущего? Только доброта и нежная любовь следуют за мной все дни моей жизни.

Весь страх ушел, и все, что осталось, – это Его стремление к нам во все дни нашей жизни.

Совершенная Любовь изгоняет страх
Самостоятельная практика

КЛЮЧИ К ЗАПОМИНАНИЮ

- Страх – наш враг, и выбор согласиться с ним приносит в нашу жизнь смерть.

- Страх можно свести к 1 из 5 корней: страх смерти, страх боли, страх недостатка, страх быть отвергнутым и страх неудачи. Для каждого из этих основных корней у Яхве есть своя правда, которая противостоит лжи.

- Совершенная Любовь изгоняет страх, потому что истина Яхве (которая и есть Совершенная Любовь) – единственное достаточно сильное средство, чтобы противостоять лжи страха.

- То, что страх *кажется* правдивым и может быть подтвержден нашим опытом, не означает, что он – ПРАВДА. Лишь Яхве, а не наши обстоятельства или чувства, определяет, что является истиной, а что нет.

ВОПРОСЫ, КОТОРЫЕ НУЖНО ЗАДАТЬ ИИСУСУ

- Как мне освободиться от страха?

- В каких сферах моей жизни я Тебе не доверяю?

- О каких страхах в моей жизни Ты хотел бы поговорить сегодня?

- Истину о каком из 5 основных страхов я готов принять?

(Важно разбираться с каждым страхом ПО ОДНОМУ ЗА РАЗ. У Иисуса будут разные ответы на каждый основной страх, поэтому важно рассматривать их отдельно. Нашей душе требуется ВРЕМЯ, чтобы принять истину. Вы можете использовать шаги, упомянутые ранее в этой главе, или спросить Иисуса, как справляться с каждым страхом, который вы приносите к Нему.)

- Что Ты хочешь рассказать мне о страхе?

- Как выглядит страх в духовной сфере?

Помните, что каждый из этих вопросов может быть использован как трамплин, чтобы разоблачить ложь, разрушить соглашения с ней и получить взамен истину от Иисуса. Пожалуйста, используйте также главы 5 и 6 книги «Основание»: они помогут вам устранить препятствия при попытке поговорить с Иисусом о страхе.

Глава третья

ОТВЕРГНУТ ИЛИ ПРИНЯТ?

Я училась в средней школе, когда мой мир рухнул. Я разоблачила некоторые извращения, практиковавшиеся среди моей единственной группы друзей. К моему неприятному удивлению, когда все открылось, взрослые/родители обернулись против меня. Все, кроме одного из моих сверстников/друзей, отвергли меня, и это стало разрастаться, как снежный ком, вызывая нападки со стороны одного или нескольких человек на каждом общественном мероприятии. В конце концов я просто перестала куда-либо ходить, кроме церковных событий. Через несколько лет эта церковь тоже отвергла меня, потому что мои убеждения переросли их рамки. Я носила внутри боль и последствия отвержения, пока не съездила в зимний лагерь, о котором я уже рассказывала. После первой встречи с Яхве я стала все больше и больше жаждать свободы. Чем больше жизни я переживала внутри, тем больше я хотела исцелиться от всех своих душевных ран. Я принесла Иисусу боль, страх и воспоминания об отвержении, и Его ответ/исцеление потряс меня.

Отвержение – болезненная тема для большинства людей: почти все мы сталкивались с ним в тот или иной момент жизни. Оно кажется особенно распространенным явлением в подростковом возрасте, однако каким бы болезненным ни было ощущение отверженности, само по себе оно не является проблемой: важно то, КАК наша душа воспринимает отверженность, потому что определяет, насколько болезненно это будет.

Предположим, вы видите, как несколько малышей играют в игру, но они не разрешают вам присоединиться. Вы, вероятно, просто посмеетесь над этим и махнете на них рукой. Что взять с малышей? Но что, если вас отвергнет ваш хороший друг? Такой тип отверженности, вероятно, оставит внутри вас очень глубокую рану. И в том и в другом случае вы сталкиваетесь с отказом, но воспринимается он по-разному.

Само по себе отвержение не наносит нам душевную рану. То, станет это внутренней раной или нет, определяется тем, что мы ДЕЛАЕМ с этим чувством. Наша душа фильтрует ВСЕ происходящее через свое мировоззрение. Если наше сердце, сознательно или неосознанно, ищет признания и оценки людей, то их отношение к нам станет для нас очень влиятельным фактором. Однако мы не осознаем, что не принимая признания и оценки, которые дает нам Иисус, мы обречены искать это у людей. Тогда наша душа интерпретирует отношение окружающих к нам и использует его для самоопределения.

Когда я пыталась разобраться, как работает отверженность в реальности, Иисус показал мне картину Своей жизни. Снова и снова ЕГО отвергали люди. Иисус был СОВЕРШЕННОЙ ЛЮБОВЬЮ во плоти! В Нем не было ни греха, ни тьмы, но люди все же презирали и ненавидели Его. Ничего из того, с чем столкнулся Иисус, – предательство, отвержение и ненависть – Он никогда не принимал на Свой счет. Он не определял Себя отношением этих сломленных людей, потому что знал истину: действительное значение имеет только то, что говорит Отец. Зачем Иисусу верить мнению о Себе тех, кто потерян, слеп и страдает? Для Него ответ был прост и ясен. Я тоже создана по образу Отца и могу жить с тем же отношением, что и Иисус: Он знает мою сокровенную сущность лучше, чем я; Он видит и знает все; Он БЛАГ, и, к счастью, последнее слово остается за НИМ. С тем, что провозглашает Яхве, не поспоришь: Он автор и завершитель всего. Яхве говорит, что я любима. Я ЕГО – принятая, любимая и лелеемая – Он боролся за меня! ВОТ в чем истина.

Страдающие люди причиняют боль другим. Они связаны и ослеплены своими душевными ранами. Когда кто-то действует на основании своей боли, это приводит к замкнутому кругу, но мы выбираем, войти в этот дисфункциональный цикл или же принести свою боль Иисусу, чтобы увидеть, что ОН говорит об этом.

Поясню: мы одновременно приняты И отвергнуты. Яхве принимает нас, любит, лелеет и сражается за нас, а некоторые люди отвергают и будут отвергать, ненавидеть и презирать нас точно так же, как это было с Иисусом. События, происходящие с нами, не определяют нас; даже наши собственные действия и выбор не определяют нас. Яхве определяет нас, и Его определение длится вечно. Поэтому вопрос сводится к одному: кому вы собираетесь верить? Ваша личность определяется сломленными людьми, или же вы строите свою самоидентификацию на словах Самого Яхве?

От Иоанна 15:18 (Дословный перевод ТРТ): «Просто помните, когда неверующий мир ненавидит вас, сначала они возненавидели Меня».

КАК РАЗРУШИТЬ НЕПРАВИЛЬНУЮ САМООЦЕНКУ

Все это звучит хорошо, но как осуществить это на практике? Когда мы достаточно долго слышим ложь, она *ощущается* как правда. Для любой душевной раны, с которой мы сталкиваемся, это самая сложная часть. Если долгие годы, иногда десятилетия, мы соглашаемся с ярмом отверженности, ПРАВДА начинает звучать как ложь. Когда Иисус сказал мне, что отвержение не является частью моей личности, это *показалось* ложью. Я БЫЛА отвергнута людьми. Моя душа составила длинный список фактов и переживаний, которые подтверждали заявление, что отверженность – часть моего самовосприятия. А дело в том, что хотя факты верны, они не являются ИСТИНОЙ.

Духовная истина превосходит физические факты. Несмотря на то, что меня отвергали, отверженность не была частью моей личности: я усыновлена Отцом, полностью принята и всецело любима. ВОТ в чем истина. То, что происходит со мной, и действия, которые я выбираю, – это конкретные факты, НО они не определяют, кто я на самом деле. То, что говорил Иисус, БЫЛО истиной, и Он призывал меня избавиться от лжи, в которую я верила.

То, что Лазарь умер, было ФАКТОМ. То, что он не мог вернуться к жизни, было ФАКТОМ. ИСТИНА произнесла другое слово, и ИСТИНА пересилила ФАКТ. Были конкретные доказательства; в соответствии с точкой зрения мира это было уже свершившееся дело. Однако точка зрения Небес и тогда, и до сих пор отличается от точки зрения мира. Духовная истина всегда пересиливает естественный закон, потому что она относится к реальности наивысшего порядка.

Мы живем в двойной реальности: духовной и физической. МЫ решаем, с какой реальностью согласиться и в какой жить. Чтобы разрушить старые утверждения самовосприятия об отверженности, мы должны решить игнорировать ФАКТЫ и вместо этого ухватиться за ИСТИНУ. Чтобы разрушить старые утверждения об отверженности, мы должны принять то, что говорит Иисус, а не то, что говорят мир или обстоятельства. С точки зрения ситуаций, отверженность может быть фактом, НО нас определяет Христос, а не то, что с нами происходит.

Процесс разрушения утверждений об отверженности очень похож на то, как мы справлялись со страхом:

- Принесите это самоощущение или ложь Иисусу и спросите Его. Вы можете задавать такие вопросы, как:

- Кем ТЫ меня считаешь?

- Что Ты думаешь об этом самоощущении?

- Как Твоя истина превосходит факты?

- Затем выбор за вами: вы можете продолжить соглашаться с ложью, которая приносит вашему сердцу смерть, или решить верить в то, что сказал Иисус, независимо от того, насколько правдивым это *кажется*. Во время инкаунтера ложь иногда представляется в виде таких предметов, как цепи или смола. Ложь также может олицетворять какое-то существо. Иисус понимает, что нам нужно, чтобы принять и понять Его истину, поэтому Он осторожно, но целенаправленно раскрывает нам каждую неправду и душевную рану. Так или иначе, лично мне нравится смотреть в глаза лжи и говорить что-то вроде:

- Я решила, что ТЫ мой враг. Твоя цель – принести смерть и разрушение в мою жизнь. Я принимаю решение больше не соглашаться с ложью, которую ты мне рассказывал. Твои факты не определяют мою ценность.

- Я каюсь (что в Библии означает изменить свое восприятие чего-либо) и выбираю принять и согласиться с тем, что говорит Иисус.

- И точно так же, как я говорила про страх, обычно первые два шага нужно повторить несколько раз. Душе нелегко забыть, за что она цеплялась и как она действовала годами. Неважно, сколько раз нам приходится приносить ложь Иисусу: каждый раз – это победа и шаг вперед к тому, чтобы наша душа поверила истине.

Пожалуйста, также обратитесь к главам 5 и 6 части «Основание»: они помогут устранить препятствия при попытке поговорить с Иисусом об отверженности. Эти шаги представляют собой основной процесс борьбы с ложью, в которую верит наша душа. Есть и другие способы сделать это, но, по моему опыту, это самый простой способ. Затем, по мере того как мы растем и взрослеем, Иисус показывает нам новые и более короткие способы исцеления души.

ЖИТЬ ЛЮБИМЫМ

У меня было очень глубокое, но чудесное переживание встречи с Иисусом, когда я видела, как Его бичевали. Я в своей жизни видела много пьес, фильмов и художественных постановок, изображающих распятие. Все они показывали одинаковую картину, как Иисус был убит горем из-за предательства и подавлен Своими испытаниями. Момент прямо перед Его смертью был изображен как величайшее предательство, когда Он воскликнул: «Боже Мой, Боже Мой, почему Ты Меня оставил?» Религия говорит, что Бог «бросил» Своего единственного Сына, потому что Он «не мог смотреть на грех». Это учение/объяснение мне не нравилось, и я была весьма благодарна за свежий взгляд на распятие Христа. Та сцена, которую я увидела во время своего инкаунтера, была СОВЕРШЕННО другой.

Во время этого инкаунтера Иисус напомнил мне, что, когда Он шел на крест, перед Ним стояла РАДОСТЬ (К Евреям 12:2). Я видела, как Иисус С ВЛАСТЬЮ говорил с каждым: ОН сказал Иуде, когда ему идти к религиозным лидерам. ОН хранил молчание перед Пилатом. (Если бы Он заговорил, открылась бы ИСТИНА, и Пилат не приказал Его распять!) Иисус НЕ ОЩУЩАЛ уныния или отчаяния. Во-первых, на Небесах нет уныния, поэтому мы не найдем его в Иисусе! Во-вторых, в самой радикальной истории любви во всей Вселенной Иисус созерцал пред Собой радость Своей награды – Свою Невесту – и переносил крест с уверенным спокойствием.

Я видела, как Иисуса бичевали, а Он – СИЯЛ. Иисус сиял, светился радикальной любовью, радостью и уверенностью. Он принимал каждый удар кнута зная, что использует его для НАШЕГО исцеления. Горящие глаза Иисуса пронзали душу каждого солдата, который пытался Его бичевать. Его любовь сражалась за них, прощая их еще до того, как кнут вспарывал Ему кожу. Каждому солдату удавалось сделать только один или два удара кнутом, прежде чем его до такой степени переполняла любовь, что приходилось останавливаться. Затем я видела, как вместо него подходил другой солдат, однако и его постигала та же самая участь. Потребовалось много-много солдат, чтобы совершить отмеренное количество ударов плетью. Иисус не был бессилен во время бичевания: это был один из самых мощных эпизодов, которые я когда-либо видела. Мое сердце было разбито? и переполнено?, но инкаунтер продолжался.

Иисус был УВЕРЕН в том, что должно было произойти. Он даже сказал разбойнику на кресте рядом с Ним, что в этот день они будут вместе в раю. Затем Иисус воззвал к Отцу и попросил прощения для людей, потому что они «не ведали, что творили». Потом небо потемнело, и я увидела грехи мира, возложенные на Иисуса. В тот момент я поняла, что Иисус подчинялся ТОЛЬКО Отцу. Он делал ТОЛЬКО то, что видел Отца творящим, а это значит, что Иисус никогда не поддавался греху. Вот почему Отцу пришлось ВОЗЛОЖИТЬ грехи на Иисуса. Христос взял на Себя наши грехи, ощутил и понес их. Взяв на Себя наши грехи (несмотря на то, что Он был ЕДИН с Отцом), ИИСУС отвернулся от Отца. В тот момент, когда Он взял на Себя наш грех, ОН решил спрятаться точно так же, как это сделал Адам. Поэтому Иисус пережил то же самое отделение от Бога, которое ощущаем мы из-за своего греха. Вот почему Он взывал: «Боже Мой, Боже Мой, почему Ты оставил меня?» Обратите внимание, Иисус не назвал Его «Отцом», когда понес на Себе наши грехи, – Он назвал Его «Богом». Христос полностью принял и полностью понимает наши ослепленные и разбитые сердца... а затем Он победил грех! Откуда мы это знаем? В Своих последних словах Иисус снова обрел УВЕРЕННОСТЬ в Яхве и назвал Его «Отцом»! Он преодолел греховную природу и обрел уверенность в Своих отношениях с Яхве, провозгласив: «Свершилось! Отче, в руки Твои предаю дух Мой». На этом мой инкаунтер закончился.

Мне было совершенно ясно, что Бог никогда не оставлял Своего Сына. Иисус много раз говорил, что Он и Отец – ОДНО. В ЕДИНЕНИИ не может быть разделения. То, что мне сказала религия, было неправильным. Иисус не был отвергнут... как и мы.

Псалом 26:10 (НРП): «Если даже отец мой и мать оставят меня, то Господь меня примет».

Отвергнут или Принят?

Самостоятельная практика

КЛЮЧИ К ЗАПОМИНАНИЮ

• В этой жизни мы переживаем отверженность из-за сломленности людей, но нам не стоит воспринимать отвержение как утверждение о своей личности.

• ИСТИНА превосходит ФАКТЫ, потому что духовный мир – это реальность более высокого порядка, чем физический мир.

• Мы решаем, с чьими утверждениями о своей личности согласиться. Мы выбираем – целостность или сломленность.

ВОПРОСЫ, КОТОРЫЕ НУЖНО ЗАДАТЬ ИИСУСУ

• Что Ты говоришь об отверженности?

• Как мне не принимать ложь об отверженности, когда кто-то отвергает меня?

• Что Ты скажешь о сферах моего тела и сердца, которые я отвергаю в себе?

• Как мне освободиться от неверной самооценки, которой я верил(а)?

Помните, что каждый из этих вопросов может быть использован как трамплин, чтобы разоблачить ложь, разрушить соглашения с ней и получить взамен истину от Иисуса. Пожалуйста, используйте также главы 5 и 6 книги «Основание»: они помогут вам устранить препятствия при попытке поговорить с Иисусом о страхе.

Глава четвертая

Я НИКОГДА
НЕ ОСТАВЛЮ ТЕБЯ

Одиночество. Это одна из тех глубоко болезненных душевных ран, которые разъедают нашу душу. Я не думаю, что будет большой натяжкой сказать, что каждый человек в каком-то смысле чувствовал себя одиноким. Когда причиняют боль, люди обычно реагируют на это, возводя вокруг нее стену. Она предназначена для того, чтобы боль не заразила остальную часть нашего сердца, как бы предотвращая дальнейшие страдания. Проблема в том, что это только _кажется_, будто стены ограждают от всех (в том числе от исцеления?), а тем временем боль продолжает гноиться и распространяться в наших сердцах. Затем она перерастает в еще более глубокое чувство – одиночество. Поскольку этот мир наполнен страдающими людьми, которые причиняют боль другим, я могу с уверенностью заявить, что каждый испытывал одиночество в той или иной степени.

В своей жизни я чувствовала себя очень одинокой, хотя была окружена друзьями и семьей. Стены, которые я построила внутри, усугублялись моими необычными сверхъестественными переживаниями. Я чувствовала себя непонятой и одинокой посреди толпы. Быть с людьми было приятно, потому что это отвлекало мою душу от постоянной боли и мучений, тем не менее, даже находясь с ними, я все равно чувствовала себя одинокой, а когда их не было рядом, и того больше. Всю свою жизнь я слышала стихи о том, что Бог никогда не покидает нас, но независимо от того, сколько я читала эти стихи, у меня не получалось избавиться от чувства одиночества. По мере того как я училась взаимодействовать с Иисусом, росла жажда внутреннего исцеления. Несмотря на встречи с Ним, мое ощущение одиночества продолжало расти. Оно *казалось* практически осязаемым. Я не могла сказать, была ли это сокрушительная тяжесть или зловещая пустота в моей душе, тем не менее это причиняло боль.

В начале моего пути к обретению целостности, Иисус часто повторял мне одну фразу: «Если этого нет на Небесах, тогда это не обязательно должно быть в тебе». Я приняла близко к сердцу слова Иисуса и использовала это утверждение, чтобы отфильтровать свои внутренние эмоции и переживания. Я спрашивала себя: *«Есть ли страх на Небесах? Есть ли на Небесах стыд? Есть ли на Небесах одиночество?»* Я пленяла все свои мысли и эмоции и оценивала их с небесной точки зрения. В итоге я приняла решение, что если Иисус не выбирал эти эмоции, мысли и чувства, то и я не буду!

Когда очередь дошла до одиночества, стало очевидно, что это ложь, но как мне избавиться от чувства? Я знала, что ложью было именно чувство, но оно казалось реальным. Каждый раз, когда я ощущала себя одинокой, я выбирала пойти к Иисусу и позволить Ему исцелить эту темную, болезненную часть моего сердца. Я должна была не только принести Ему свою боль, но и сделать выбор, согласившись с истиной, которую Иисус давал мне в тот момент: это мои друзья и семья, а вовсе не Иисус, НЕ знали меня и поэтому неправильно понимали. Я ЧУВСТВОВАЛА СЕБЯ одинокой и обделенной, но истина заключалась в том, что я была ЕДИНА с Самим Яхве. Я в Отце, и Он во мне. Я – один дух с Иисусом, и я наполнена Святым Духом, уже не говоря о сонмах ангелов и облаке свидетелей вокруг. Куда бы я ни пошла, я БЫЛА на вечеринке. ВОТ моя реальность.

Ничто из того, что говорил мне Иисус, вначале не *казалось* истиной: мои стены закрывали мне глаза на правду и реальность, которые УЖЕ были внутри меня. Стены – интересная реакция души, потому что они *нацелены* на самозащиту от еще большей боли, однако в действительности они лишь усугубляют боль и закрывают душу от исцеления, и тогда нам становится ЕЩЕ больнее, потому что чувствуем себя отвергнутыми Богом! Хотя это мы первые воздвигли их и попытались оттолкнуть Бога.

Классное примечание. Между нами и Богом НЕ может быть никакого разделения. Мы НЕ МОЖЕМ оттолкнуть Бога: Он присутствует во всем, и Им все держится. Так что, когда мы возводим стены, Иисус находится ВМЕСТЕ с нами в темноте и боли нашей души, в то время как мы сидим там, чувствуя себя отвергнутыми Им и одинокими. Наши стены закрывают нам глаза на реальность, которую мы УЖЕ имеем с Иисусом, привязывая нас к гноящейся боли, которую мы чувствуем.

КАК РАЗОБРАТЬСЯ СО СТЕНАМИ

В глубине души я знала, что не одинока, ощущая при этом полную противоположность. Чтобы справиться с одиночеством, мне пришлось разобраться со своими стенами. Я чувствовала себя полностью изолированной, неизвестной и одинокой в своих стенах. Я снова стояла у развилки: смогу ли разрушить свои стены и «впустить» Иисуса ИЛИ продолжу защищаться, сохраняя стены... и свою боль? Я уже решила, что хочу Иисуса больше всего на свете. Он владел моим «да», поэтому я решила разрушить стены. Это приводило меня в ужас, потому что, честно говоря, я не была уверена, справится ли Иисус с этим. Я лично не была знакома ни с одним человеком, кто был бы действительно свободен от душевной боли. На тот момент я даже не предполагала, что у меня есть доступ к изобильной и вечной жизни по эту сторону завесы!

Мои внутренние стены были каменными, высокими, толстыми – они не пропускали свет. Я видела, как Иисус стучится в стены моего сердца, но мысль о том, чтобы снести их, заставляла меня чувствовать себя обнаженной и беззащитной. К тому же, я понятия не имела даже с какой стороны начать такой большой проект. Я потратила годы, возводя эти стены: сколько времени потребуется, чтобы разрушить их? Тем не менее, мое сердце было устремлено к Иисусу, поэтому я отбросила страхи и решила спросить Его совета.

Сначала Иисус объяснил, что важно порвать соглашение со всеми моими стенами и их «обязанностями» защищать меня. Я признала, что они препятствовали моему исцелению и прорыву. Хотя я думала, что они защищают меня от боли, пришлось признать, что на самом деле они препятствуют моему исцелению, держа меня в ловушке боли. Я сказала что-то вроде: «Душа, я признаю, что эта стена бесполезна: она – моя ловушка. Поэтому прямо сейчас я решаю больше не сотрудничать с ней больше».

После этого я почувствовала побуждение спросить Иисуса, как снести стену. Иисус может снести ее Сам (с нашего разрешения), а иногда Он говорит вам, как это сделать. В моем случае Иисус дал мне инструмент, чтобы снести ее. Как только моя привязанность и желание сохранить эту стену исчезли, я смогла разрушить ее с помощью того предмета, который дал мне Иисус. (Я намеренно не рассказываю вам, что это за предмет, чтобы у вас не было представления о том, что Иисус мог бы дать вам, чтобы разобраться с вашими собственными стенами.) Мне сказали: полезно убедиться, что стена исчезла полностью, а не частично; поэтому все свои стены я разбирала до такой степени, что не осталось видно ни единого кирпича. Свет, ослепивший меня, просто затопил мое сердце, и я почувствовала тепло Иисуса на своей коже: Он был таким близким, таким добрым и таким любящим. Ужас, который я испытывала, разрушая стену, исчез. Иисус еще раз доказал, что выбрать Его всегда стоит той цены, которую за это приходится заплатить.

Несмотря на то, что на том этапе своего путешествия я уже разобралась с некоторыми страхами и душевными ранами, это был еще более глубокий уровень исцеления и свободы. Мои страхи рассеялись, и я больше не чувствовала себя обнаженной или выставленной напоказ; наоборот, я чувствовала себя прикрытой и покрытой Самой Любовью. Я убедилась, что Иисус действительно достаточно велик, чтобы избавить меня от всей боли и мучений, которые я перенесла. Теперь, когда стены исчезли, я могла принести Ему свое чувство одиночества.

Решив разрушить свои стены, я впервые в жизни почувствовала, что меня по-настоящему знают и видят. Я повсюду ощущала Совершенную Любовь, пронизывающую само мое существо. Это был не последний день, когда я чувствовала себя одинокой, НО это было началом моей свободы от лжи и мучений, в которых я так долго находилась. Мне все еще пришлось пройти через процесс обновления мышления, чтобы научиться думать и жить по-новому. У моей души все еще была привычка размышлять о лжи вместо правды, но меня уже «зацепило» ощущение блаженства и жизни в Иисусе. Разрушение стен стало знаменательным моментом на пути к достижению целостности. С каждым слоем, с каждым прорывом я все больше вкушала благость Божью, и с каждым разом я все больше жаждала изобильной жизни!

Пленение помышлений и обновление разума – это новый образ жизни. Мы призваны ежедневно брать свой крест. Каждый раз, когда мы чувствуем что-то не от Небес, мы можем приносить это к Иисусу и смотреть, что Он скажет. Со временем чувства одиночества и забытости сменятся целостностью, которая не поддается описанию.

УДОВЛЕТВОРЕНИЕ

Странно говорить, что я удовлетворена, но это лучшее слово, которое я могу найти для описания своих нынешних ощущений. Я больше не чувствую себя одинокой, изолированной или никому не известной. В моей душе больше нет глубокой, зияющей пустоты, которая, казалось, никогда не будет исцелена. Я целостна, полностью познана и принята Отцом, Сыном и Святым Духом. Куда бы ни пошла, я ВСЕГДА нахожусь на блаженной вечеринке.

Одиночество – это не физическое состояние, а скорее точка зрения души, которая приносит смерть в нашу жизнь, если мы с ней согласимся. Чувство одиночества определяется не обстоятельствами: наши ощущения определяются нашими душевными убеждениями и точкой зрения независимо от ситуации. Например, многие люди думают, что, как только выйдут замуж и заведут семью, они почувствуют себя реализованными. И хотя брак или дети могут быть осуществлением мечты, эти вещи не смогут устранить корень одиночества. В браке можно чувствовать себя таким же или даже более одиноким, чем без супруга. На самом деле, я не знаю ни одной семейной пары, в которой один или оба супруга не чувствовали бы себя изолированными, непознанными и одинокими. Быть полностью принятым и любимым – это глубочайшее желание человека, НО супруг(а) никогда не смогут вам этого дать. Если вы думаете, что брак или дружба заполнят ваше одиночество, вы, вероятно, начнете чувствовать себя еще более одиноким, потому что ваше изначальное одиночество усугубится еще и разочарованием. Мы были созданы для единства и близости с Яхве, поэтому все остальные формы близости будут недостаточными, так как ничто и близко не сравнится с полнотой и удовлетворением, которые мы находим в Иисусе.

Нам буквально НЕВОЗМОЖНО оказаться в одиночестве: Небесная реальность превосходит физические обстоятельства. Даже если человека полностью изолировать от всех на острове, на Небесах так много общения, семьи и связей, что этот человек сможет жить в радикальном изобилии независимо от своих обстоятельств. Мы находимся в Яхве, Иисусе и Святом Духе; мы едины с Ними. Каждая наша нужда уже удовлетворена, стол приготовлен, и наша чаша переполнена. Каждый может сам выбрать чувствовать себя одиноким, будучи посаженным на Небесах... но это далеко от реальности. Чем больше мы осознаем и соглашаемся с нашим единством в Иисусе, тем полнее и удовлетвореннее будем становиться. Иисус может справиться со всем, с чем мы сталкиваемся. Мы МОЖЕМ жить в изобилии как только захотим!

Я никогда не оставлю тебя

Самостоятельная практика

КЛЮЧИ К ЗАПОМИНАНИЮ

- Мы чувствуем себя одинокими за стенами, которые возводим вокруг своей боли. Наши стены отталкивают людей и даже Бога, заманивая нас в ловушку невыносимой боли.

- Несмотря на сильное чувство одиночества и изолированности, наша истинная реальность – это единство с Иисусом.

- Обновляя свой разум и разрушая стены, мы чувствуем себя более целостными и удовлетворенными, чем когда-либо считали возможным! УРА Богу!

ВОПРОСЫ, КОТОРЫЕ НУЖНО ЗАДАТЬ ИИСУСУ

- Построил(а) ли я какие-либо стены?

- Какую цену я плачу, возводя эти стены?

- Ты поможешь мне или дашь мне инструмент, чтобы разрушить мои стены? (Если вы готовы их снести.)

- Что Ты скажешь о моем чувстве изоляции и одиночества?

- Если вы готовы освободиться от одиночества, разорвите соглашение с ложью и примите то, что говорит Иисус.

- Постоянно приносите к Иисусу все эмоции изоляции и одиночества, пока совсем не перестанете их испытывать.

- Есть ли что-нибудь еще, что Ты хочешь сказать моему сердцу или показать мне по этому поводу?

Помните, что каждый из этих вопросов может быть использован как трамплин, чтобы разоблачить ложь, разрушить соглашения с ней и получить взамен истину от Иисуса. Пожалуйста, используйте также главы 5 и 6 книги «Основание»: они помогут вам устранить препятствия при попытке поговорить с Иисусом о страхе.

Глава пятая

ДАР ПРОЩЕНИЯ

На одном из инкаунтеров я разбиралась с непрощением, после чего в моем сердце поселился страх Господень. Меня глубоко ранила подруга, с которой я была очень близка. Она согрешила против меня неоднократно, и в моем сердце выросла боль и обида по отношению к ней. Она умирала и вела себя на основании испытываемых ею страха и боли, но чем больше она «психовала», тем больнее мне становилось. Вместо того чтобы сосредоточить свой взор на Иисусе, я зациклилась на обиде и непрощении, что привело к очень интенсивному и эмоциональному инкаунтеру. Прежде чем я поделюсь своим опытом, хочу упомянуть, что для того, чтобы эта конкретная встреча с Богом стала возможной, потребовались по-настоящему уникальные обстоятельства.

Я расхаживала по своей комнате (как часто делала в тот период), размышляя о своих болезненных обстоятельствах. Внезапно я подняла глаза и в духе увидела в своей комнате хорошо одетого мужчину. Его волосы были коротко подстрижены, и выглядел он с иголочки. Улыбнувшись, он протянул мне руку, ожидая, когда я дам ему что-то. Сначала я не поняла, что это бес, так как он не был отталкивающим и явно злым, какими обычно мне кажутся демоны. Когда он протянул мне руку, я увидела, что держу свернутую бумагу. Я сразу поняла, что это свидетельство о смерти человека, который причинил мне боль. (В видениях у души иногда есть понимание происходящего, хотя никто ничего не объяснял.) Хорошо одетый бес ждал, когда я просто протяну руку, чтобы вручить ему свидетельство о смерти. Я знала, что в духе мне даже не нужно было ничего говорить, достаточно было просто внутреннего намерения, легкого поднятия руки... и моя боль закончилась бы, и этот человек был бы реально вычеркнут из моей жизни. Облегчение от того, что мои страдания подходят к концу, заполнило мой разум. Я могла вернуть свою жизнь, но при этом я понимала, что тяжесть ее смерти ляжет на мои плечи.

Я была настолько зациклена на своей боли, что не замечала Отца в этом видении. Я чувствовала, что Он стоит прямо у меня за спиной, но все равно не видела Его, ощущая лишь Его тепло и любовь. Несмотря на боль, я понимала, что не хочу сотрудничать с демоническим началом или со смертью. Даже если это означало, что боль продолжится, я хотела сотрудничать с Яхве, а не со смертью. Осторожно и целенаправленно подняв свидетельство о смерти над головой, я протянула его назад – Яхве. Я все еще не видела Отца, но почувствовала, как Он взял документ, а бес развернулся и ушел. На этом инкаунтер закончился.

Когда видение прекратилось, реальность только что произошедшего обрушилась на меня, как тонна кирпичей. Жизнь этой женщины висела на волоске, и я была близка к тому, чтобы повлиять на ее жизнь или смерть. Это было настолько ошеломительное переживание, что я терялась в догадках, было ли это просто видение или все произошло бы в реальном мире. На следующий день эта подруга позвонила мне и сказала, что чуть не умерла как раз в то время, когда я видела данное видение…это действительно оказался межпространственный инкаунтер! Я и до этого предполагала, что встреча была напряженной, а теперь все оказалось настолько реальным, что мне стало дурно: бес искал, кто мог бы стать партнером смерти в отношении этого человека, потому что моей подруге было достаточно небольшого толчка, и она бы сдалась смерти. Я была ОЧЕНЬ близка к тому, чтобы отдать бесу ее свидетельство о смерти. Это было так заманчиво, и все же, несмотря на боль, я предпочла стать партнером жизни, а не смерти.

Хочу еще раз упомянуть, что это была по-настоящему уникальная ситуация. В большинстве случаев наш выбор держаться за непрощение НЕ означает, что мы являемся фактором, влияющим на чью-то жизнь или смерть. Думаю, это произошло потому, что у нас с подругой были очень близкие отношения И потому, что она уже была очень близка к смерти. Это дало мне возможность повлиять на ситуацию.

Непрощение на самом деле привязывает нас к человеку, на которого держим зло. Мы несем ответственность, как сыны Божьи, и можем помочь или помешать (но не воспрепятствовать) чьему-то исцелению и прорыву. Наше прощение (или его отсутствие) влияет на исцеление и свободу этих людей, облегчая (или усиливая) сопротивление в окружающей их атмосфере, склоняя их чаши весов в сторону выбора жизни (или смерти). Поэтому в моей ситуации, так как подруга уже находилась при смерти, И мы были очень близки, у меня было достаточно влияния, чтобы повлиять на вопрос ее жизни или смерти. В гораздо менее радикальных масштабах наше прощение или непрощение все равно способствует или препятствует исцелению других людей.

Пережитый мной инкаунтер вселил в меня страх Божий перед непрощением, которое я носила в своем сердце. Я никогда не осознавала, что оно влияет не только на нас: оно привязывает нас к совершенной против нас несправедливости, влияет на окружающую атмосферу и может даже повлиять на человека, согрешившего против нас. Разбираться с собственным непрощением может быть очень болезненно, но это приносит невероятное исцеление, которое простирается за пределы наших собственных душ.

ДА СВЕРШИТСЯ СПРАВЕДЛИВОСТЬ!

Чтобы полностью погрузиться в изучение прощения, я хотела бы сначала обсудить наше стремление к справедливости. Обычно корнем непрощения становится человеческая жажда справедливости: именно по этой причине мы часто отвергаем идею прощения. Все люди созданы и рождаются с этим чувством. Нам хочется, чтобы все было честно, и чтобы ошибки были исправлены. Даже в преступном мире часто существует свой собственный (искаженный) кодекс правосудия: при том, что преступники могут регулярно нарушать закон, они обычно создают собственные правила, по которым живут. Если кто-то причиняет им зло, они мстят из-за своей основной потребности в справедливости. Каждому хочется, чтобы она восторжествовала, и именно поэтому простить кого-то может быть ТАК трудно.

Когда нам причиняют зло, хочется, чтобы восторжествовала справедливость. Нам причинили боль или что-то отняли, и теперь мы хотим чтобы за нас совершили праведное возмездие. Естественная реакция человека – страстно желать сбалансировать «весы» и навести порядок, нам хочется жить по закону «око за око и зуб за зуб». Авель был убит несправедливо, и его кровь взывала от земли к справедливости. Всякий раз, когда проливается наша кровь, естественная человеческая реакция – взывать к справедливости. Но наша старая реакция/природа как сынов Божьих была искуплена ради БОЛЕЕ ВЫСОКОЙ природы. Кровь Иисуса говорит лучшее: Его кровь взывает к милосердию, а ЕГО кровь теперь течет и в наших жилах. Как сыны Божьи, мы также рождены свыше в системе ВЫСШЕЙ справедливости. Правосудие Небес выглядит совсем иначе, чем требование крови, которое мы видим на земле.

К Ефесянам 2:6 (Дословный перевод NLT): «Ибо Он воскресил нас из мертвых вместе со Христом и посадил нас с Ним в небесных сферах, потому что мы соединены со Христом Иисусом».

Как сыны Божьи, мы восседаем на Небесах. Когда-то мы были лишены славы Божьей, но через Христа мы стали подобны Ему. Мы можем жить на основании Небесной системы, в которой посажены в духе, ИЛИ на основании мириад мирских систем. Система – это набор правил и управление в пределах области или группы. Существует много систем, по которым вы можете жить. Они есть в странах, в семьях, в культурах, однако никакая мирская система не дотягивает до стандарта Царства Небесного. Важно понимать, что сыны Божьи призваны действовать на основании более высокой системы, чем земной мир. Небесная система приносит примирение через милосердие и кровь Иисуса, в то время как мирская система требует наказания через суд и потребность в крови.

Когда вы просите или требуете суда над братом, вы выбираете действовать в рамках низшей, мирской системы. Как и большинство людей, вы не понимаете, что тем самым ВЫ тоже подчиняетесь той же системе, в рамках которой хотите, чтобы судили других. ВЫ САМИ решаете, в какой системе жить: милосердия или требования справедливости. Нельзя просить милосердия к своим проступкам, одновременно требуя справедливости в отношении другого человека:

От Марка 11:25 (Синод.): «И когда стоите на молитве, прощайте, если что имеете на кого, дабы и Отец ваш Небесный простил вам согрешения ваши».

От Матфея 6:14-15 (Синод.): «Ибо если вы будете прощать людям согрешения их, то простит и вам Отец ваш Небесный, а если не будете прощать людям согрешения их, то и Отец ваш не простит вам согрешений ваших».

Мы можем принимать и даровать прощение или же отказаться прощать, связав свою душу в состоянии сломленности. Выбор за нами, и его следует тщательно обдумать. Станем ли мы требовать кровь за кровь на основании земной системы? Или же согласимся с небесной моделью и примем кровь Христа, которая оплатила ВСЕ долги и удовлетворила все требования?

Чтобы было ясно, правосудие – это не плохо. Яхве ДЕЙСТВИТЕЛЬНО справедлив, и на Небесах есть правосудие. Суд ПРИДЕТ, и все БУДЕТ исправлено. Яхве ВЕРЕН и БЛАГ во всем, что Он делает. Мы можем доверять Ему в уверенности, что все зло в мире будет наказано. Он не закрывает на него глаза, и последнее слово все равно останется за Ним. Яхве – это Альфа и Омега, начало и конец.

Второзаконие 32:4 (Синод.): «Он твердыня; совершенны дела Его, и все пути Его праведны; Бог верен, и нет неправды в Нем; Он праведен и истинен».

Псалом 9:8-9 (Синод.): «Но Господь пребывает вовек; Он приготовил для суда престол Свой, и Он будет судить вселенную по правде, совершит суд над народами по правоте».

Наша жажда справедливости становится неуместной, когда мы берем правосудие в свои руки. Созданные человеком системы суда коррумпированы, слепы и фильтруются через восприятие нашего опыта. Требуя «око за око», мы остаемся с кучей людей, ослепленных и причиняющих друг другу боль. Человеческое правосудие сосредоточено на уравновешивании весов, а правосудие Яхве сосредоточено на примирении и восстановлении. Это Небесная система, в которой мы рождены.

К Ефесянам 1:7 (Синод.): «В Котором мы имеем искупление Кровию Его, прощение грехов, по богатству благодати Его».

Исаия 43:25 (Синод.): «Я, Я Сам изглаживаю преступления твои ради Себя Самого и грехов твоих не помяну».

2-е Коринфянам 5:19 (Дословный перевод NLT): «Ибо Бог был во Христе, примиряя мир с Самим Собой, больше не засчитывая грехи людей против них. И Он передал нам это замечательное послание примирения».

Хотите верьте, хотите нет, но Бог хочет справедливости даже больше, чем вы. Он не умаляет бесчестные поступки, совершенные против вас. Он ХОРОШИЙ Отец, и Он ХОРОШО заботится обо всех Своих детях. Чтобы получить понимание того, как сердце Отца относится к справедливости, мы сначала должны приготовиться отказаться от своих представлений и жажды справедливости. Только тогда наши сердца будут открыты для того, чтобы слышать и расти в сердце и перспективе Яхве.

Цепляясь за те сферы жизни, где против нас поступили несправедливо, мы подвергаем свои сердца постоянным мучениям. Если кто-то ударит вас ножом, вы же не оставите его в ране, пока не восторжествует справедливость? Это просто глупо! Вместо этого нужно вытащить нож, обратиться за медицинской помощью и позволить своему телу исцелиться. Это очевидный и логичный поступок, но мы, даже не подумав, держимся за ножи, торчащие в наших сердцах! Люди часто ждут, пока не восторжествует справедливость, пока все ошибки не будут исправлены, и только тогда позволяют вытащить нож из сердца, чтобы оно могло исцелиться. Намеренно (или неосознанно) игнорируя те сферы, где наше сердце чувствует себя раненым, мы не позволяем ему исцелиться и продолжить жить.

На земле постоянно происходят несправедливые вещи, поэтому вокруг нас полно зла и сломленности. Все это может легко поглотить и сокрушить нас, но Бог дал нам путь, как этого избежать, который называется прощение. Только так мы сможем увидеть, как сильно Отец жаждет примирения, увидеть красоту Небесной системы правосудия и чистоту справедливости, которая приходит на землю.

ДАР ПРОЩЕНИЯ

Прощать – отпускать все негативные эмоции, которые мы испытываем по отношению к человеку, группе или событию.

Прощение – это ДАР, потому что без него мы были бы раздавлены болью, которую испытываем в этом мире. Прощение – это выход из боли; это свобода от груза пережитой несправедливости. Только так прошлое потеряет управление вашей жизнью и не сможет больше требовать вашу энергию и красть ваш покой.

Одна из причин, почему Библия говорит людям прощать, заключается в том, что непрощение влияет на НАШИ сердца, НАШЕ здоровье и НАШ покой. Выбирая простить, мы освобождаем свои сердца и позволяем этой болезненной сфере исцелиться. Мы выбираем вытащить нож и позволить Иисусу исцелить эту часть внутри нас. Пока Мы остаемся в подчинении у прошлого, пока сами не решим простить, и оно становится нашим настоящим, привнося свое незажившее «вчера» в нашу нынешнюю ситуацию.

Прощение – это решение отпустить все негативные эмоции, влияющие на нас изнутри. Решение простить НЕ значит оправдать нанесенную обиду или спрятать все под ковер и притвориться, что этого не было. Пока мы не отдадим все Иисусу, мы несем на себе все бремя и боль произошедшего события. Тяжесть несправедливости утомляет наши души и быстро превращается в обиду, горечь, гнев, ярость и другие негативные внутренние эмоции, которые гноятся внутри, начиная вредить в том числе и нашему телу. Прощение – это выбор жизни и свободы; это выбор доверять системе Божьего правосудия.

К Римлянам 12:19 (Синод.): «Не мстите за себя, возлюбленные, но дайте место гневу Божию. Ибо написано: «Мне отмщение, Я воздам, говорит Господь».

Притчи 10:12 (Синод.): «Ненависть возбуждает раздоры, но любовь покрывает все грехи».

1-е Петра 4:8 (Синод.): «Более же всего имейте усердную любовь друг ко другу, потому что любовь покрывает множество грехов».

Нам было многое прощено. Наша старая природа умерла вместе со всеми нашими грехами, и теперь в наших жилах течет кровь Иисуса, и мы можем согласиться с высшей системой, в которой теперь живем. Благодаря Христу у нас есть сверхъестественная сила и способность прощать и быть подобными Богу. Мы можем жить в свободе от боли и привязанности к прошлому; мы можем жить в милосердии вместо того, чтобы жить в боли, которая управляет нашей реакцией.

Прощение – это наша новая личность во Христе. Это то, кем

мы являемся НА САМОМ ДЕЛЕ. Принимая ее, мы становимся более живыми и цельными, чем когда-либо могли себе представить. Прощение становится новой точкой зрения, на основании которой мы живем и смотрим на жизнь. Оно дает нам возможность заглянуть за пределы действий других людей и разглядеть боль и разбитость ИХ сердец. Это отделяет человека от его действий и увеличивает нашу способность видеть людей так, как видит их Бог. Яхве не определяет нас исходя из наших действий, и прощение дает нам возможность поступать так же. Независимо от наших чувств по поводу какого-либо поступка, прощение – это исцеление, освобождение, наделение силой, изменение жизни и жизненно важный шаг к прорыву для наших постоянно растущих сердец. Как бы трудно оно нам ни давалось, оставаться связанным и обманутым болью на самом деле еще труднее.

КАК ПРОСТИТЬ

Как с любым эмоциональным исцелением, с прощением сложно разбираться, потому что это невидимая концепция. Как понять, действительно ли вы отпустили обиду или все еще цепляетесь за нее? В физическом мире вы ВИДИТЕ, что несете, однако, когда дело доходит до духовного мира и эмоций, все сводится к чувствам и намерениям. Вот почему самоосознание жизненно важно для преображения души: чтобы стать здоровым сыном Божьим, необходимо регулярно проверять состояние своих эмоций, чувств и мыслей. Всякий раз, когда вы испытываете тревогу, горечь, разочарование, страх или злость по отношению к кому-либо, это показывает область сердца, которая несет в себе боль.

Прощать нелегко, но это возможно. Прощение противоречит желанию души поквитаться и требует доверия, что Яхве лучше знает. Тем не менее, мы получили прощение, поэтому у нас есть возможность даровать прощение другому человеку. Этот процесс требует сознательного выбора, но если мы доверимся Иисусу и решим даровать кому-то прощение, то найдем исцеление и прорыв в своей жизни и духовном пути.

Чтобы начать путь прощения, необходимо отдельно оценить 3 группы:

* Прощение других

* Это наиболее очевидная группа, которую следует охватить, говоря о прощении. Любой человек или группа людей, к которым вы испытываете горечь, отвращение, гнев или страх, показывает, что существует незажившая часть вашего сердца, которая цепляется за прошлое. Возможно, что-то произошло в детстве или всего на прошлой неделе: душа помнит и держится за болезненные вещи до тех пор, пока вы не решите отпустить их и позволить Иисусу исцелить вашу боль.

* Прощение себя

* Простить себя может оказаться сложнее, чем других. Вам приходится жить с самим собой и своим выбором. Хотя нам важно брать на себя ответственность за свои поступки, еще БОЛЕЕ важно распространить на себя такую же благодать и прощение, какую даровал нам Христос. Непрощение не приносит нашим душам ничего, кроме смерти. Самоистязание и отказ отпустить прошлое не приносит ни жизни, ни чего-либо хорошего. Иисус простил нас и больше не вспоминает наши грехи, или вы думаете, что знаете лучше, чем Христос? Ваши пути лучше, чем Его? Если нет, тогда пришло время простить себя и освободиться от прошлого, которое Иисус уже забыл. Может быть, для себя очень трудно получить любовь и прощение, но с вашим прошлым покончено! Нам теперь предлагается освободиться от мучений, которые мы испытываем по отношению к самим себе.

- Всепрощающий Бог

- Для начала хочу пояснить: я не утверждаю, что Бог согрешил против нас или сделал что-то не так. Он совершенен, и все, что Он делает, ХОРОШО. При этом мы все еще можем испытывать боль и обиду на Него, несмотря на то, что Он не сделал ничего плохого. Та боль, которую, по мнению души, причинил вам Бог, – самая что ни есть настоящая. Вам может казаться, что Бог не «появился», когда было нужно; вы можете испытывать злость из-за того, что Он «не ответил на вашу молитву» так, как вы хотели, или возлагать на Него ответственность за то плохое, что произошло с вами. Что бы ни было причиной обиды и гнева по отношению к Богу, эта сфера стопорит ваши отношения с Ним, препятствуя исцелению. Богу не нужно, чтобы вы прощали Его, – это вашему сердцу необходимо отпустить обиду, чтобы стать целостным. Вы можете честно сказать о своих чувствах и искренне открыть Иисусу свой гнев, разочарование и все остальные чувства. Он уже знает, что происходит внутри вас, поэтому глупо игнорировать «слона». Будьте честны, примите решение отказаться от боли и обиды на Бога, и да начнется исцеление!

Как только мы распознаем ту сферу своего сердца, которая цепляется за боль, мы оказываемся на развилке: можно принять решение простить, отпустить прошлое и позволить начаться процессу исцеления ИЛИ можно оставить нож еще ненадолго и продлить свою боль. Выбор за нами. Как только мы приготовились отпустить и простить, полезно узнать несколько вещей:

- Прощение – это скорее ВЫБОР, нежели чувство. В этом аспекте оно очень похоже на любовь. Обычно о ней говорят как о чувстве, но когда мы по-настоящему любим кого-то, мы выбираем его, несмотря на свои чувства. В 1-м Коринфянам, 13-й главе, нам сказано, что любовь терпелива, добра, не завидует и не хвастается, не корыстолюбива и не поддается гневу, не ведет учет обид и не радуется злу. Все перечисленные определения любви – это ДЕЙСТВИЯ. Это преднамеренный выбор. Да, в ней могут быть задействованы чувства, но не они определяют любовь. Точно так же прощение – выбор, который мы принимаем зачастую задолго до того, как оно перерастет в чувство. Прощая кого-то, мы обычно не сразу чувствуем себя лучше. Мы выбираем прощать из послушания, тем самым освобождая свои сердца от смерти. Ощущение, что мы действительно простили, придет со временем, но не оно определяет наше прощение. Следовательно, оно не может быть показателем того, действительно мы простили или нет. Я могу по-настоящему любить своего мужа, не испытывая при этом нежных чувств. Означает ли отсутствие таких эмоций отсутствие любви? НЕТ. Я выбираю любить его. Выбор любить определяет любовь, точно так же, как выбор прощать определяет прощение.

- **Прощение – это процесс.** Обычно, чем сильнее боль, тем больше времени требуется сердцу, чтобы полностью ее отпустить и перестать испытывать. Душа автопилотом несет ту боль, которую вы стараетесь отпустить: после того, как вы простили в первый раз, ваше сердце, скорее всего, снова почувствует боль просто по привычке. Это часто заставляет людей думать сначала, что прощение *«не сработало»*. КАЖДЫЙ раз, когда вы прощаете и отпускаете, вы позволяете исцелению течь внутри. Прощение «срабатывает» каждый раз, потому что именно в этот момент вы выбираете Иисуса вместо того, чтобы цепляться за боль. Не отчаивайтесь! Сердцу требуется время, чтобы переучиться через прощение держаться не за боль, а за Иисуса. При наличии глубокой душевной раны вам, возможно, придется выбирать прощение снова и снова: раз за разом, вы будете переживать прорыв и исцеление, но из-за глубины боли вашему сердцу, возможно, потребуется отпустить ее несколько раз, прежде чем оно в конечном итоге научится больше не возвращаться к ней.

Примечание. Хотя для окончательного прощения обычно требуется время, наша душа может отпустить всю боль сразу и больше никогда не испытывать ее вновь! По мере того, как выстраивается история ваших отношений с Иисусом, вам все легче прощать «раз и навсегда». Когда растет способность нашей души доверять Иисусу, ЛЮБОЕ внутреннее исцеление становится быстрее и проще! Слава Богу!

- **Прощение – это форма капитуляции.** Любая боль, за которую мы предпочитаем держаться, не дает этой сфере сердца зажить, так как мы отказываемся отдавать нож.

- **Прощение у вас в крови.** Вы обладаете новой природой, а кровь Иисуса всегда говорит лучшее. Как у сынов Божьих, у вас есть сила и способность прощать. Если кажется, что у вас «не получается», можете попросить Иисуса о помощи и о смене точки зрения. Он дал вам все, что необходимо для исцеления, даже силу прощать. Вы МОЖЕТЕ прощать. Возможно, это будет трудно, и вам, вероятно, придется делать это снова и снова, но кровь Иисуса течет в ваших венах, поэтому у вас все получится!

- **Прощение – это повеление.** (Колоссянам 3:13; Ефесянам 4:32 и т.д.). Все, что Яхве просит от нас, направлено нам на БЛАГО, а не на зло. Подобно призыву «Не бойся!», повеление прощать жизненно важно для душевного здоровья. Людям легко оправдать собственное непрощение внутренней жаждой справедливости, однако, выбирая непрощение, мы высвобождаем смерть в СВОЕМ сердце. Вот почему это – повеление.

Шаги к прощению:

- Признайте, что непрощение реально приносит смерть вашей душе. Лично мне это помогает напомнить своей душе, что, несмотря на несправедливость, я не хочу быть партнером смерти в своей жизни.

- Примите решение послушаться повеления простить. Чтобы простить, я отправляюсь на инкаунтер с Богом и передаю непрощение и само событие Иисусу. Я предпочитаю их отпустить, а поскольку я человек-визуал, мне помогает представить процесс передачи непрощения Христу во время нашей встречи.

Примечание. У нас, как правило, много людей, которых нам нужно простить, и много вещей, за которые нам нужно простить себя и Бога. Эти шаги нужно будет применять к каждой сфере, где есть непрощение, пока ваша душа не будет готова отдать все это сразу и до конца. <u>Мне также помогает, когда я спрашиваю у Иисуса, как ОН относится к этому человеку и ситуации.</u> Всегда очень поучительно смотреть на вещи с точки зрения Небес: когда я вижу сердце Иисуса по отношению к человеку, это помогает моей душе быстрее освободиться от непрощения.

- ПОВТОРЯЙТЕ эти шаги до тех пор, пока в вашей душе больше не останется тоски. Чем больше несправедливость, тем больше раз нам потребуется простить, прежде чем душа решит полностью отпустить свою обиду. Наше сердце может подсознательно снова взять на себя боль – именно поэтому людям обычно приходится неоднократно прощать и приносить что-то Иисусу.

Когда мы приносим Иисусу свое желание справедливости, Он увеличивает нашу способность доверять Яхве и ЕГО справедливости. В справедливости нет ничего неправильного, однако человеческое представление о справедливости приносит смерть, в то время как представление Небес приносит жизнь. Иисус взывал о милосердии, несмотря на все, с чем Ему пришлось столкнуться. Отказываясь от своей потребности в возмездии, мы начинаем смотреть глазами милосердия. Заглушая или игнорируя жажду справедливости в своем сердце, мы лишь замедляем свое исцеление.

От Луки 23:34(Синод.): «...Отче! прости им, ибо не знают, что делают...»

Чем больше мы прощаем других, тем больше начинаем видеть мир с точки зрения Небес. По мере нашего внутреннего исцеления начнут проявляться и доказательства нашего прощения: некоторым подтверждением может стать то, что вы начнете думать об этом человеке/событии без ноющего ощущения в животе и боли в сердце. Невероятно, но прощение – это не просто нейтральные эмоции в отношении человека, а такое изменение сердца, что вы видите человека таким, каким видит его Отец. Вы также переживете больше мира и уверенности в Яхве. Встречаясь с Иисусом, мы каждый раз начинаем немного больше осознавать и понимать, как работает Небесная система. Потребуется время, чтобы устранить все мирские рамки и искаженные линзы, с которыми мы выросли. Мало-помалу жажда справедливости в нашем сердце исцеляется, и мы начинаем все больше и больше походить на Иисуса.

Помимо того, что мы приобретаем исцеление своего внутреннего чувства справедливости, мы понимаем, что жизнь, основанная на прощении, – это единственный способ оставаться здоровыми посреди разрушенного мира. Бог приглашает Своих сынов жить в полном согласии с Яхве и Его истиной. Нет таких серьезных обстоятельств, которые смогли бы вывести нас из состояния соглашения с Небесами. МЫ сами раз за разом выбираем, с кем сотрудничать: с жизнью или смертью. Этот мир наполнен страдающими людьми, которые причиняют боль другим, но чем больше мы смотрим глазами любви и соглашаемся с Небесами, тем более непоколебимыми становимся.

Дар прощения

Самостоятельная практика

КЛЮЧИ К ЗАПОМИНАНИЮ

- Яхве наделил нас сердцем, стремящимся к справедливости. Это не является неправильным, но становится неуместным, когда мы требуем мести.

- Разбираясь с непрощением в своей душе, следует учитывать 3 разные группы: непрощение по отношению к Богу, людям и самим себе.

- Непрощение приносит смерть НАМ, вот почему прощение – это повеление, исполнение которого позволяет нам жить в ЦЕЛОСТНОСТИ и свободе от смерти.

ВОПРОСЫ, КОТОРЫЕ НУЖНО ЗАДАТЬ ИИСУСУ

- Как выглядит прощение в духе?

- Как выглядит непрощение?

- Что значит передать Тебе свою жажду справедливого возмездия?

- Как мне простить?

- Есть ли что-нибудь, из-за чего я злюсь на Тебя?

- *Я предлагаю начать с прощения Бога. Непрощение по отношению к Богу влияет на нашу способность встречаться с Ним, ожесточая наши сердца против Него. Я предлагаю использовать шаги, перечисленные в этой главе, и сначала простить Бога за любые обиды, которые у вас на Него могут быть. Простив Бога, вам будет легче встретиться с Ним, чтобы простить других и себя. Пожалуйста, используйте главы 5 и 6 книги «Основание», если возникнут вопросы или проблемы.*

- Есть ли в моей жизни кто-то, кого я не простил(а)?

- Есть ли в моей жизни какие-либо сферы, за которые мне нужно простить себя?

Помните, что каждый из этих вопросов может быть использован как трамплин, чтобы разоблачить ложь, разрушить соглашения с ней и получить взамен истину от Иисуса. Пожалуйста, используйте также главы 5 и 6 книги «Основание»: они помогут вам устранить препятствия при попытке поговорить с Иисусом о страхе.

ВЫХОД ИЗ ПЕЧАЛИ

Прежде чем углубиться в свою историю о том, как я научилась избавляться от печали, хочу упомянуть, что мне было непросто написать эту главу. Трудность была вызвана НЕ тем, что я рассказываю о своем выкидыше, а тем, что эта боль уже далеко удалена от меня. С того сезона я настолько перестала ее ощущать, что даже не помню того отчаяния, которое испытывала раньше. Иисус исцелил мое сердце, и теперь, оглядываясь назад, я вижу только Его лицо и Его любовь, проникающую в самую сердцевину моего существа. Чтобы написать эту главу, мне пришлось попросить Яхве напомнить о той боли и страданиях, в которых я находилась. Это был очень напряженный и болезненный сезон, но могущества Иисуса хватило, чтобы исцелить мою душу и тело до такой степени, что я перестала видеть и вспоминать о пережитой боли.

В период после моего выкидыша Яхве научил меня не зацикливаться на боли. Выход из печали осуществляется через скорбь, также известную как траур. Я не ценила скорбь и даже не понимала, что это такое, пока не потеряла своего сына. Я пережила выкидыш, будучи радикально влюбленной в Иисуса. Не заблуждайтесь, думая, что у вас не будет трудных времен, потому что вы верующий или сверх-духовный: трудные времена и гонения гарантированы в этой жизни, независимо от того, кто вы.

От Иоанна 16:33 (Дословный перевод NLT): «Сие сказал Я вам, чтобы вы имели во Мне мир. _В мире будете иметь скорбь: но мужайтесь:_ Я победил мир». [Выделение автора.]

Чем больше мы принимаем истину, изложенную в этом стихе, тем скорее сможем обрести покой даже в трудные времена, и даже если какое-то событие ошеломит нас, мы быстрее получим исцеление, потому что у нас есть история отношений с Иисусом и инструменты, уже укорененные внутри. Во время выкидыша я пережила огромное потрясение, но Иисус был со мной таким мощным образом, что я была поражена: я на личном опыте убедилась, что у Иисуса достаточно могущества, чтобы исцелить меня даже от самого разрушительного удара.

Мы так радовались тому, что у нас будет еще один ребенок! Все было замечательно, пока у меня не началось кровотечение. Я очень много молилась, чтобы оно остановилось, я высвобождала Небеса, запрещала злым духам, связывала возможные проклятия, поднималась во дворы Небес и использовала всевозможные духовные стратегии. За меня также молились друзья и члены семьи. Кровотечение наконец остановилось, но я все еще не знала, произошло чудо или случилось худшее. Это было особенно болезненно, потому что врачам потребовалось целых 30 дней, прежде чем они подтвердили, что я действительно потеряла ребенка. Прошел месяц мучительного ожидания в неопределенности, выжил мой ребенок или нет. Наконец, к моему отчаянию, я получила ответ: мой сын погиб.

Боль от потери ребенка была непохожа ни на что, испытываемое мной раньше: я переживала отчаяние, сокрушительную печаль и замешательство по отношению к Богу. Я знала, что мой сын умер не потому, что Бог через это пытался меня судить. В попытках утешить меня люди говорили что-то вроде «Иисус забирает лучших», но я знала, что это неправда. Я знала, что у было Иисуса достаточно могущества, чтобы исцелить меня и спасти моего сына. Так почему же Он этого не сделал? Почему Он не остановил это? Почему моих молитв и запретов было недостаточно, чтобы остановить сатану? Почему Бог не дал мне стратегию и Небесную мудрость, чтобы предотвратить выкидыш? Я – друг Иисуса, но эти вопросы все равно мучили меня, а боль потери грозила раздавить. Мое сердце болело так сильно, что это невозможно выразить словами. Я не ощущала ничего, кроме боли и утраты. Мне НЕ ХОТЕЛОСЬ разговаривать с Иисусом. Месяц борьбы за моего ребенка совершенно вымотал меня, а когда я узнала, что этого оказалось недостаточно, чтобы спасти моего малыша, это просто опустошило мое сердце. Более того, мне было сложно смириться с выкидышем: Бог – это же Бог невозможных вещей! Он мог бы просто поместить моего ребенка обратно, разве нет? Разве я не смогла бы спасти своего сына даже после выкидыша, если бы немного больше молилась или имела немного больше веры? Я потерялась в море боли и мучительных вопросов.

В этом опустошенном состоянии у меня был выбор: разозлиться и удалиться от Бога или же обратиться к Нему, несмотря на боль, обвинения и вопросы, которые проносились у меня в голове? Я знала, что Иисус – единственный Целитель. Я знала, что Он действительно единственный выход из моей боли. Если я не хотела застрять и ожесточить свое сердце, я должна была обратиться к Богу. Я также знала, что нуждаюсь в Нем больше, чем в ответах: они не приносят исцеления разбитой душе, а лишь отвечают на крик разума о понимании, однако его недостаточно, поскольку никакие ответы не способны устранить душевную боль. Я знала, что у Иисуса было достаточно могущества, чтобы исцелить меня, ДАЖЕ несмотря на потерю моего сына. Не пожелав зацикливаться на своей огромной боли, я выбрала Его.

Впервые в жизни я горевала вместе с Иисусом. Я плакала до тех пор, пока слезы не иссякли. Я чувствовала себя пустой оболочкой, потерянной внутри себя самой. Тем не менее я выбрала Его. Я решила общаться с Иисусом, хотя на сердце было слишком грустно, чтобы вести с Ним беседу. Я приходила на встречу с Ним и клала все на свой алтарь в Небесах. Я клала туда все: свою боль, вопросы, замешательство, свой гнев… Затем я отходила от алтаря и шла посидеть с Иисусом. Большую часть времени мы просто сидели вместе в тишине: мое сердце слишком сильно болело, чтобы говорить. Итак, я сидела с Иисусом у ручья, решив не отстраняться от Него. Отстраниться от всех – естественная реакция, когда нам больно. В тот период жизни мне пришлось особенно целенаправленно стремиться к тому, чтобы не закрыться и не отстраниться из за испытываемой боли.

От Матфея 5:4 (Дословный перевод BSB): «Блаженны скорбящие, ибо они утешатся».

Каждый раз, ощущая душевную боль после выкидыша, я приносила ее Иисусу и общалась с Ним. Снова и снова клала ее на алтарь и шла посидеть с Иисусом. Вначале я приносила свою боль Ему постоянно, но со временем она начала уменьшаться: вместо поминутного обращения, я стала приходить раз в час, потом несколько раз в день. Постепенно я исцелялась от боли. Через месяц целенаправленной скорби с Иисусом я снова почувствовала себя целостной – не знаю, какими словами еще это описать. То, что мой сын умер, никогда не будет нормально. Смерть – это враг Бога, и то, что произошло, было злом. Но боль от потери ребенка больше не управляла мной: я обрела мир, несмотря на ситуацию. Иисус исцелил меня.

Я выбираю Тебя

Несмотря на свои чувства,

Несмотря на вопросы свои,

Все равно выбираю Тебя.

В периоды изобилия,

В периоды опустошения

Все равно выбираю Тебя.

Даже если боль Тебя обвиняет,

Даже когда я не вижу,

Все равно выбираю Тебя.

В болезни и в здравии,

В богатстве и в бедности

Все равно выбираю Тебя.

Куда мне пойти?

Лишь у Тебя глаголы жизни.

И нет таких, как Ты.

Куда еще мне пойти?

Только Ты един Целитель

И единственный Избавитель.

Поэтому я все слагаю,

В Твои руки я все вверяю.

Пусть станет жертвой всесожжения вся моя боль.

Все равно выбираю Тебя.

Снова и снова я выбираю Тебя.

Я выбираю Тебя,

Потому что Ты первый выбрал меня.

ГОРЕВАТЬ или НЕ ГОРЕВАТЬ?

> Скорбеть – значит встретиться лицом к лицу с печалью и принять болезненную реальность того, как обстоят дела в настоящее время, чтобы через Иисуса могло произойти исцеление.

В этом сломленном мире боль неизбежна, и в западной культуре это то, от чего мы бежим. Люди НЕНАВИДЯТ боль и обычно пытаются справиться с ней одним из двух нерабочих способов: мы либо держим ее глубоко в себе, либо барахтаемся в ней, пока она не станет частью нашей личности. Ни то, ни другое не отражает процесс горевания. Большинство людей отождествляют печаль со скорбью, но на самом деле скорбь – это способ исцелить печаль! Если мы не будем скорбеть, то так и останемся в печали. Скорбь – это способ не поддаваться влиянию сломленного мира. У нас есть возможность физически и эмоционально выпустить боль наружу, чтобы душа не сломалась под ее тяжестью. Скорбь – это мощный ДАР Иисуса, потому что помогает избавиться от боли.

Грусть и боль могут быть вызваны множеством причин – от потери любимого человека до разочарования в связи с какими-либо обстоятельствами, травмой, случившейся с нами, или даже известием о травме, случившейся с незнакомым человеком. Список вещей, которые могут причинить нам боль, бесконечен. Однако, если бы у нас не было способа избавиться от печали, со временем она бы нас раздавила. Если бы нас не лечили, мы становились бы все более и более дисфункциональными. Вот почему скорбь – это дар. Это выход из боли.

Мы не сможем горевать, игнорируя боль, хотя этот способ справиться с печалью распространен в западной культуре. Скорбь, также известная как горе, позволяет сердцу прожить боль, чтобы ее можно было проработать и исцелить. Однако большинство людей пытаются скорбеть без помощи Иисуса, надеясь, что время все вылечит. Время лечит все раны, верно? Нет, это не так. На самом деле, оно не способно это сделать, потому что наш единственный Целитель – Иисус. Попытка исцелиться любым другим образом – лишь маскировка мнимого утешения для наших ран. Вам может показаться, что время лечит все раны, однако оно лишь позволяет боли зарасти коростой черствости, из-за которой вы не «чувствуете» боль так сильно: она просто покрылась мозолью. Время не делает нас целостными, и рана никуда не девается, даже если на время она онемела. Вот почему, когда что-то вызывает боль, вы снова распадаетесь на части, так как настоящего исцеления не произошло: просто кто-то «сорвал вашу мозоль».

Ключ к исцелению в том, чтобы скорбеть ВМЕСТЕ с Иисусом. Он – единственный Целитель, единственный способ снова стать целостной личностью. Вы МОЖЕТЕ стать здоровыми, избавиться от боли, потому что у Иисуса достаточно могущества. Даже Иисус не может избежать сердечной боли, поскольку Он сделал Себя уязвимым для нас, решив нас любить. Он сознательно подвергает Себя боли и страданиям ради нас. Он лучше любого из нас знает, как выглядит целостность посреди душевной боли. Он видит ВСЕ ужасные вещи, происходящие на земле одновременно, но тем не менее Он любит всех нас больше, чем мы можем себе представить. Он знает, что такое душевная боль огромного масштаба, но Он достаточно велик, чтобы исцелить любую боль, с которой мы сталкиваемся и когда-либо столкнемся.

Скорбь с Иисусом – это процесс, который требует ВРЕМЕНИ. Поэтому будьте терпеливы со своим сердцем, пока оно исцеляется. В еврейской культуре процесс скорби длится порядка 30 дней. Людям не стыдно плакать или причитать на публике. В Израиле, например, если вы разрыдаетесь в магазине, и некому будет вас поддержать, то какой-нибудь незнакомец подойдет и будет скорбеть вместе с вами, чтобы быть с вами в вашем горе! Не правда ли, это прекрасно и драгоценно?! 30 дней – это не формула, но это культурный стандарт евреев. По моему личному опыту, 30 дней – это примерно то, сколько мне потребовалось, чтобы снова почувствовать себя целостной. Это не точное число: кому-то на горе потребуется больше или меньше времени. Путь скорби у каждого выглядит по-разному, но в любом случае она займет какое-то время.

Есть много причин для горя, но некоторые из них могут вас удивить.

Скорбь о потере любимого человека

- Это, безусловно, та форма горя, которую признают наиболее широко. Когда мы теряем любимого человека, сокрушающая сердце печаль, замешательство, гнев и депрессия – это то, о чем думает большинство людей, представляя себе скорбь.

Скорбь о травмирующем событии

- Когда мы переживаем травму, в наше сердце приходит опустошение. Травма может возникнуть в результате жестокого обращения, потери дома, телесных повреждений, потери частей тела или работы. Существует бесконечное количество обстоятельств, которые могут травмировать нашу душу. Боль от этих событий «застревает» внутри нас, останавливая рост, если мы не приносим ее Иисусу. Выбор горевать о событиях так же важен, как и решение скорбеть о потере близкого человека.

Горевать о несбывшейся надежде – разочаровании

- Это, наверное, самая странная и двусмысленная вещь, о которой стоит скорбеть. Помимо потери любимого человека или переживания травмирующего события, вашему сердцу, возможно, необходимо оплакать что-то, во что оно вложило эмоциональную энергию. Например, если человек годами надеется, что ее/его супруг(а) изменится, но этого не происходит, он впадает в уныние. Другим примером может служить разочарование от расставания с кем-то, с кем вы мечтали вступить в брак. Любая надежда или мечта, в которые мы вкладываем эмоциональную энергию, может стать разочарованием и, следовательно, замедлить наше исцеление.

Притчи 13:12 (Синод.): «Надежда, долго не сбывающаяся, томит сердце…»

Поясню: НАДЕЯТЬСЯ – не плохо! Но то, ВО ЧТО мы вкладываем свою надежду, либо настраивает нас на здоровье, либо на разочарование. Когда мы возлагаем надежду на людей и обстоятельства, наши эмоции начинают зависеть от них и от того, как они проявляются. Если то, на что мы надеялись, не произойдет, сердце заболевает и останавливается в развитии. Нам, верующим, нужно надеяться на Иисуса. Люди и обстоятельства в этом сломленном мире ненадежны, но даже когда все вокруг рушится, Иисуса эта буря не потрясает. Он – наш Якорь, Скала и Помощник. Если возложить надежду не на Иисуса, а на что-то еще, и оно не произойдет, придется прожить горе по отложенной надежде, чтобы не застрять в печали.

Несбывшаяся надежда – это неосязаемая, но очень реальная вещь, о которой стоит скорбеть. Очень больно отказываться от того, на что мы надеялись, потому что зачастую в это вложены годы эмоциональной энергии. Тот уровень эмоциональной энергии, который вы вложили в свое желание, – это тот же уровень скорби, который необходим вашему сердцу, чтобы исцелиться и смириться с этим разочарованием. Поначалу это может показаться неправильным, как будто вы «сдаетесь», но это <u>не</u> совсем так: вы <u>не на то</u> возложили свою надежду, поэтому у вас заболело сердце, а теперь ваша надежда будет возложена на единственную устойчивую постоянную во всей Вселенной – ИИСУСА!

В современной культуре не принято ценить или осознавать собственную скорбь, поэтому на людей оказывается давление, чтобы просто засовывать свою боль поглубже и «двигаться дальше». Горевать больно и неприятно, а мы, естественно, бежим от болезненных вещей. Однако, если мы не позволим боли выйти из души, она «загнивает» и мешает нашему сердцу расти. К сожалению, в этом мире боль неизбежна, НО Иисус дал нам выход из боли! Иисус дал нам скорбь как драгоценный дар, чтобы мы могли исцелиться даже в сломленном мире. Будь то малая боль или большая, скорбь о потере, событии или не исполнившейся надежде – Иисус хочет исцелить ВСЕ. Он хочет исцелить наши сердца целиком. Мы устаем носить в себе бремя печали и боли, вот почему Иисус хочет, чтобы мы приносили Ему все – и большие, и малые вещи.

От Иоанна 14:27 (Синод.): «Мир оставляю вам, мир Мой даю вам; не так, как мир дает, Я даю вам. Да не смущается сердце ваше и да не устрашается».

Утверждать, что вам «всегда будет грустно» или «никогда не будет хорошо», значит очень плохо думать об Иисусе. Люди говорят подобное, чтобы выразить внутреннюю боль или попытаться воздать должное потерянному близкому человеку. Но такие почести неуместны, становясь словесным проклятием, которое запирает их в клетку печали. Соглашаясь с утверждением «Мне всегда будет грустно» или «После этого со мной никогда не будет все в порядке», вы связываете свою душу мучениями и в то же время говорите, что Яхве просто не хватит могущества. Если вы согласитесь с этими утверждениями, эта ложь станет созданной вами реальностью. Какими реальными ни казались бы эти слова, они – мучители, готовые вас связать. Плените свои мысли и подчините их истине. У Иисуса ДОСТАТОЧНО могущества, чтобы сделать вас целостными. Это потребует времени… но у вас оно есть.

И последнее: Бог НЕ контролирует ситуацию! Или, по крайней мере, Он не контролирует ее так, как этому учит религия. Люди часто используют фразу «Бог все контролирует», но это не так. Яхве – Всемогущий, Всеведущий и имеет всю власть, НО Он выбирает передать «контроль» нам. Он не какой-нибудь закулисный кукловод, управляющий происходящим: Яхве не убивал моего ребенка и не являлся причиной всех зол, происходящих в этом мире. Иисус пришел для того, чтобы искоренить с земли болезни и смерть. Винить Бога во всем зле в мире – значит обвинять единственного Целителя и Источника жизни во всей Вселенной.

Иакова 1:17 (Синод.): «Всякое даяние доброе и всякий дар совершенный нисходит свыше, от Отца светов, у Которого нет изменения и ни тени перемены».

Обвиняя Бога, мы только ожесточаем свои сердца против Него. Пока люди обладают свободной волей, в мире всегда будет существовать возможность возникновения зла. Следовательно, не Бог контролирует ситуацию, а мы. Сломленные люди сотрудничают с адом и каждый день приносят зло в мир. Итак, давайте не будем обвинять нашего Целителя и Спасителя в том, чего Он не совершал, а вместо этого побежим к Нему! Иисусу принадлежит вся власть, и последнее слово остается за Ним. Удивительно, но Яхве обещает все исправить к лучшему, а Он всегда сдерживает Свои обещания.

Скорбь – это неприятно и болезненно. Наша душа пытается найти ответы на замешательство, стараясь упразднить испытываемую ей боль. Трудно жить, когда не видишь ничего, кроме боли, но если ты принесешь ее Иисусу, Его верности и величия будет достаточно для каждой... отдельной... вещи, которую Ему отдаешь. Вы можете стать целостным и освободиться от боли.

КАК ГОРЕВАТЬ

Горевать – значит смотреть в лицо печали и принимать болезненную реальность того, что происходит сейчас, чтобы можно было исцелиться через Иисуса.

Научиться скорбеть не сложно – сложно ВЫБРАТЬ скорбь

и поставить ее в приоритет. Сидеть или валяться в боли – это не горе. Скорбеть – не значит просто плакать. Плач позволяет боли на мгновение всплыть на поверхность, но он не приносит исцеления, а решение «идти дальше» не означает, что вы закончили скорбеть, и ваша душа исцелилась. Попытки выплакать, проигнорировать, прикрыть, запихнуть поглубже, отвлечься от страданий, а также любые другие механизмы – это лишь один из способов справиться с болью. Если использовать их слишком долго, попытки справиться со своим внутренним состоянием быстро перерастают в выживание. Есть только один способ по-настоящему исцелиться – Его зовут Иисус. Вне Иисуса нет исцеления; вне Его нет жизни.

Есть один жизненно важный ключ к исцелению – скорбеть ВМЕСТЕ с Иисусом. Он может научить вас различным инструментам горевания и направить на совершенно другой путь исцеления. Если вы что и вынесете из данной книги, я надеюсь, это будет понимание, насколько важно скорбеть вместе с Иисусом: Он есть Путь, Истина и Жизнь.

Ниже приведены шаги, которые я использовала, чтобы прожить свое горе. Имейте в виду, что это не формула. Это шаги, по которым Иисус провел меня, чтобы помочь мне достичь исцеления, но вам Он может дать другие шаги или те же, но в другом порядке.

1. ПРИМИТЕ существующее положение вещей. Отказавшись посмотреть в глаза своей боли и принять свою нынешнюю реальность, вы не сможете исцелиться. Невозможно вылечить то, чего нет, поэтому сначала нужно признать, что боль существует, чтобы вы могли ее оплакать. Отрицание и уклонение вам не помогут: это механизмы выживания, заставляющие страдать. Вам жизненно важно и необходимо принять свою боль и столкнуться с ней лицом к лицу, если вы хотите пойти по пути к исцелению.

2. PRINCIPLE ВСЕ ИИСУСУ. Не только боль: принесите Ему свои вопросы, гнев, замешательство, разочарования – все неприятные эмоции и, да, даже обвинения, которые вы имеете против Него. Будьте такими, как есть, – честными и откровенными с Иисусом – Он уже знает, что у вас внутри беспорядок, поэтому давайте выложим его на стол, чтобы от него можно было исцелиться!

Вначале боль будет ощущаться сильнее всего, поэтому вам придется постоянно приносить ее Иисусу. Возможно, сперва вы будете приходить к Нему каждую минуту, затем, по мере восстановления, каждый час. Ключ в том, чтобы КАЖДЫЙ раз, когда вы чувствуете боль, приносить ее Иисусу. Со временем ваше сердце заживет, и постепенно вы будете мучиться все меньше и меньше. Ваши страдания будут всплывать лишь несколько раз в день, затем один раз в день, продолжая уменьшаться, пока вы совсем не перестанете их ощущать.

Лично я приношу все Иисусу во время инкаунтера (этот метод описан в книге 1 «Основание»). Это помогает мне сделать свою боль осязаемой во время встречи с Богом. Я кладу все, что меня мучит, на алтарь, а затем ухожу от боли и вопросов, чтобы быть с Иисусом. Не обязательно делать это во время инкаунтера. Поначалу вашей душе может быть слишком больно это видеть. Вы можете вслух рассказать Иисусу обо всем, что принесли Ему. Можно составить список или найти любой другой подходящий именно для вас способ. Важно, что вы целенаправленно и самостоятельно решили отдать все Иисусу.

Примечание. Помните, если вы затаили обиду на Бога, ваше сердце ожесточается, когда вы слышите Его слова во время инкаунтера. Приносить Богу ложь и обвинения врага против Иисуса – это не то же самое, что СОГЛАШАТЬСЯ с ними. Когда мы кладем это все на алтарь со смягченным сердцем, то готовы принять и услышать слова Иисуса, а когда злимся, обижаемся и обвиняем Бога, наше сердце ожесточается и теряет способность принимать что-либо от Него.

3. ВЫБИРАЙТЕ ИИСУСА, А НЕ ОТВЕТЫ. Билл Джонсон прекрасно выразил это: «Чтобы обрести мир, превосходящий понимание, вы должны сначала отказаться от своего права понимать». Как бы мы ни хотели получить ответы на свои вопросы, они не принесут и не способны принести нам покой и исцеление. Особенно когда мы переживаем сильную боль, наша «потребность» в ответах становится идолом, обращая нашу израненную душу в рабство. В самих ответах нет ничего плохого, и со временем они придут, но нельзя позволить им стать для нас камнем преткновения, и именно ЭТО я хочу до вас донести. Выбирая Иисуса вместо того, чтобы требовать Его ответов, мы ОСВОБОЖДАЕМСЯ для исцеления и обретения целостности таким образом, каким себе даже не представляли. В Иисусе действительно есть все, что нам нужно.

4. ОСТАВАЙТЕСЬ С ИИСУСОМ, пока не почувствуете, что ваше сердце смягчается и меняется. Эта часть может занять много времени, если мы испытываем глубокую боль, но это самый быстрый способ с ней разобраться. Сосредоточение на Иисусе СИЛЬНО действует, пока наше сердце наконец не изменится. Нам сложно описать процесс внутренних перемен, потому что их нельзя потрогать. Я бы описала их как исчезновение страдания и подчинение Иисусу. Обычно боль не проходит полностью с первого раза, но сердце все равно смягчается. Как будто состояние мира, за который вы держитесь, начинает постепенно забирать тяжесть боли, чтобы ваша душа могла дышать.

Важнейшая часть скорби – это отдать все Иисусу. Цель в том, чтобы принести все Ему, чтобы это можно было исцелить. В процессе этого прекрасного обмена Иисус дает нам радость взамен скорби, красоту вместо пепла и целостность вместо боли. Его доброта не знает границ. Нам, верующим, предлагается полностью отдаться Иисусу, ничего не удерживая. Важно осознавать, что все, что мы утаиваем от Иисуса, приносит смерть в нашу жизнь. Все меняется, когда мы решаем переключить взгляд со своей боли на Иисуса. В этот момент она утихает, и начинается выздоровление. Лично моей целью было оставаться в Его присутствии до тех пор, пока я не начну чувствовать только Иисуса. Для меня это было мощно, и я думаю, что это послужило катализатором того, почему смогла исцелиться всего за 30 дней.

Поскольку западная культура не ценит и не понимает процесс скорби, нам хочется поскорее вернуться к своей жизни и двигаться дальше. Нам тяжело пробираться через боль, приносить ее Иисусу и достаточно долго ожидать, пока сердце не изменится. Правильный процесс скорби требует времени и целенаправленных действий. Быть терпеливым по отношению к себе – одна из самых трудных, но наиболее важных вещей в горе. Боль будет продолжать появляться по мере вашего выздоровления, и нам легче сосредоточиваться на ране, нежели приносить ее Иисусу. Однако чем более намеренно вы будете скорбеть, тем быстрее восстановитесь. Ваш путь к исцелению зависит от вас. Каждое горе, которое вы игнорируете и запихиваете поглубже внутрь себя, остается в сердце. Самый быстрый выход – намеренно принести всю боль Иисусу и ОСТАВАТЬСЯ с Ним, пока не произойдут перемены. Поначалу это будет занимать достаточно времени, однако это вернейший выход из горя. Если вы заглушаете боль, потом к ней будет трудно получить доступ. Возможно, вы не живете в культуре, которая ценит или понимает горе, но вы можете сами оценить его и сделать приоритетом, даже если никто другой так не поступает. Шаги просты: если вы хорошо скорбите, то исцелитесь, снова обретете покой и почувствуете себя целостным.

Примечание. В процессе скорби будет полезно вместе с

Иисусом выработать стратегию, чтобы понять, как лучше всего скорбеть в ваших жизненных обстоятельствах. Жизнь каждого человека уникальна, и у Иисуса есть совершенная стратегия для нашего исцеления. Все, что нужно сделать, это Его попросить!

ПОЛЕЗНЫЕ КЛЮЧИ ДЛЯ СКОРБИ

* ИЗМЕНИТЬ ПРИВЫЧКИ. В процессе скорби важно научить душу другим привычкам. Если душа привыкла бежать от боли, важно целенаправленно изменить реакцию своей души на внутренние раны. Часто человеческая душа работает на автопилоте, будучи заранее запрограммированной, как справляться с возникающими проблемами: бежать от боли, использовать механизмы преодоления трудностей, притворяться в церкви и в социальных сетях, что все хорошо, и «притворяться, пока не получится» (проблема в том, что в этом случае обычно никогда не получается). Мы делаем так постоянно, накручивая круги вокруг одной и той же горы, задаваясь вопросом, почему мы застряли: бегство от боли только продлевает ее.

  Самый быстрый способ избавиться от печали – пройти через волны боли с Иисусом. Чтобы изменить свои привычки, следует усердно наблюдать за своими эмоциями и по мере возникновения приносить их Иисусу. Наша цель в том, чтобы научить душу бежать к Иисусу со всем, а конечным результатом должен стать навык ЖИТЬ в Иисусе, пребывая в Нем постоянно. Так что будьте поставьте себе цель жить целенаправленно и осознанно, принося Иисусу все вопросы по мере их возникновения. Со временем привычки вашей души изменятся, и вы начнете бежать к Иисусу, вместо того, чтобы убегать от боли.

* ОТКРЫТЬ ДОСТУП К СТАРОЙ БОЛИ. У большинства людей есть старая боль, которую в данный момент мы не смогли преодолеть. Душа приучилась бежать

от нее, запихивая в коробку и хороня в надежде, что она никогда больше не всплывет. Проблема в том, что все эти погребенные вещи не исчезают и отравляют почву наших сердец. Затаенная внутренняя рана лишь усиливается и перерастает в еще большую боль и дисфункцию, которая начинает затрагивать все больше и больше сфер нашей души. Исцелить их может быть непросто, но для Иисуса нет ничего слишком большого.

Может быть, непросто найти доступ к старой боли, потому что душа приучена игнорировать ее. По сути, вы пытаетесь заставить свое сердце вновь посетить те сферы, которые оно намеренно избегало. Иногда на это есть благодать, и получается успешно выкопать старые вещи и принести их Иисусу для исцеления. Прекрасно когда это происходит, однако чаще всего душа настолько эффективно блокирует боль, что остается запертым хранилищем, когда мы пытаемся получить к ней доступ. В этом случае я обнаружила несколько способов излечить захороненную боль:

1. Самый простой способ излечить скрытую боль – подождать, пока она не выйдет на поверхность, потому что она никогда не уходит насовсем. Она всегда рядом, гноясь глубоко в сердце, и рано или поздно какое-нибудь событие или воспоминание выведет ее на поверхность. Когда это произойдет, у вас будут инструменты и практика, как с ней справиться! Как и все остальное, принесите боль к Иисусу и пройдите через шаги скорби. Ожидание, пока что-то всколыхнет старую боль, и она выплывет на поверхность, может потребовать времени и терпения, НО снова и снова я вижу в этом доброту Господа. Исцеление требует времени. Хотя подобный вариант решения может показаться не идеальным, Иисус и Его сроки идеальны всегда. Пока вы ждете, можно заняться тем, чтобы построить историю отношений и доверия Иисусу в других областях. Он знает, с чем может и не может справиться наша душа, и никогда не торопит нас. Поэтому ждать, пока боль сама выйдет на

поверхность, на самом деле нормально, и этот метод работает, потому что в любом случае мы делаем это с Иисусом.

2. Иногда Иисус Сам выкопает вашу боль на поверхность: Он знает, как получить доступ к ней и всему, что необходимо для ее исцеления. Он более чем способен и готов это сделать! НО наша душа не всегда к этому готова. Иисус не пойдет против нашего желания и свободной воли. Даже если часть вашего сердца желает исцеления, большая часть может хотеть, чтобы эта боль оставалась похороненной. Помните, что наша душа как бы разделена на «территории» с правом голоса. Сердце часто блокирует свое исцеление, потому что некоторые из его частей не готовы довериться Иисусу и расстаться со своей сломленностью. При этом иногда полезно попросить Его выкопать это на поверхность, а иногда нет.

Важное примечание. Когда вам кажется, что внутреннее исцеление «не работает», это означает, что ваша внутренность настолько закрыта, что не готова разбираться с этой сферой. Бог не удерживает от вас исцеления: у Иисуса ДОСТАТОЧНО могущества для этого, Он в буквальном смысле умер, чтобы вы могли стать здоровыми. А у врага недостаточно сил, чтобы помешать вам исцелиться (подробнее об этом – в следующей книге). Врагу ХОТЕЛОСЬ бы, чтобы вы «сдались», потому что «исцеление не работает», но это ЛОЖЬ, созданная для того, чтобы удерживать вас в состоянии сломленности как можно дольше.

Наш путь к исцелению происходит в том темпе, в котором наша душа (добровольно) готова открыться и довериться Иисусу. Чем дольше история наших отношений с Богом, тем больше душа готова доверить Иисусу свои самые болезненные сферы. Помните, что мы становимся целостными, обновляя свой разум и возрастая во Христе. Это не происходит в одночасье.

Данный процесс прекрасен и драгоценен для Иисуса. Мы строим бесценную историю своих отношений с Христом, Яхве и Святым Духом. Речь идет не о прибытии в какой-то духовный пункт назначения и не о постижении какой-то созданной вами идеи исцеления, которого вы хотите достичь. Мы вступили в брак с Христом, а в брачных отношениях мы получаем возможность любить друг друга и жить вместе вечно. Важно не то, что вы делаете и как быстро, – речь о том, кто вы и с кем вы.

3. Наконец, вы можете попросить Иисуса исцелить вас от боли (единовременно), без необходимости видеть или переживать ее снова. Когда это происходит, это прекрасно, но вы упускаете возможность построить историю отношений с Яхве. Большинство предпочитает избавиться от боли без дополнительных усилий: это быстро, легко и «чисто». Но в таких случаях, мы ничему не учимся и не растем. Бывают времена, когда Иисус приходит и исцеляет скрытую боль сразу, но чаще всего Он проживает нашу боль вместе с нами ради бесценных плодов, которые этот процесс производит внутри нас.

Выход из печали требует времени и терпения. Но он того стоит: то, что вы обретете с Иисусом, бесценно. Смотрите на Иисуса, и все будет в порядке. Счастливой скорби!

ПОСЛЕ СКОРБИ

Откровение 21:3-5 (НРП): «И я услышал громкий голос, прозвучавший от престола: – Это жилище Бога с людьми. Здесь Он будет жить с ними, и они будут Его народом, и Сам Бог будет с ними и будет им Богом. Он отрет с их глаз каждую слезу. Больше не будет ни смерти, ни скорби, ни вопля, ни боли, потому что прежнее ушло. Сидящий на престоле сказал: Я творю всё новое!..»

У нас, верующих, есть огромная надежда, что все будет обновлено. Однажды не будет больше ни смерти, ни боли, и хотя может показаться, что это не так, Библия говорит, что земная жизнь как пар: то, что кажется долгим на земле, всего лишь мгновение по сравнению с вечностью. Наша надежда – это якорь, и она то, на чем мы должны сосредоточиться, чтобы оставаться непоколебимыми, наблюдая всю боль в этом мире.

В моей жизни был период, когда я за короткий промежуток времени потеряла троих друзей. Каждый из них медленно и мучительно умирал от рака, и все они скончались с разницей в две недели. Я провела годы, сражаясь и борясь за них в молитве за исцеление, и то, что они втроем умирали медленно и так близко друг к другу, было как пощечина мне и моей вере. Мое сердце было разбито, если не сказать больше. Я прошла все шаги скорби и во время инкаунтера попросила Иисуса дать мне новое понимание смерти. Мне нужна была истина, чтобы выстоять посреди такой болезненной утраты, особенно после того, как мы молились о чуде, а оно не произошло. Ниже рассказываю о том, что показал мне Иисус. Я изменила незначительные детали истории, чтобы защитить сердца ее участников, но суть видения осталась неизменной.

Сначала Иисус встал передо мной, чтобы показать мне иллюстрацию смерти. Он посмотрел в одну сторону и сказал: «Это твое время на земле. Ты осознаешь существование этого мира, и твое внимание сосредоточено здесь». Затем Иисус развернулся и посмотрел в другую сторону: «Смерть – это просто поворот. Смысл существования остается прежним: ты так же жива, как и раньше. Разница в том, что твое сознание сосредоточено на духовном мире вместо физического». Затем Иисус повернулся ко мне лицом, чтобы видеть оба направления одновременно и открыть еще более глубокую тайну: «Некоторые люди научились жить в обоих мирах одновременно. Они могут полностью осознавать обе сферы, а некоторым еще и удается научиться переносить свое физическое тело туда и обратно!» Когда Иисус сказал это, на ум пришли Енох и Илия. Затем Он добавил: «Но не волнуйся за тех, кто не научился жить в обоих мирах: если их тело умрет, они потом вернутся и получат его опять».

У меня даже голова закружилась: новый взгляд на смерть меня очень воодушевил. Это не потеря, а просто смена фокуса сознания человека с этого мира на Небесный. Да, нам не хватает этих людей, но это только на время, потом все обновится, даже их тела!

Однако на этом инкаунтер не закончился. В видении Иисус привел ко мне одну из моих недавно умерших подруг: я была В ШОКЕ, увидев ее. Она была такая молодая, здоровая, целостная душой и СИЯЮЩАЯ! Она выглядела ОТЛИЧНО! Я закричала: «Кэрри! О, Боже мой! Как я рада тебя видеть! Мне ТАК жаль, что я не смогла исцелить тебя или воскресить из мертвых. Я сделала все, что было в моих силах». Кэрри просияла, улыбнулась самой широкой улыбкой, которую я когда-либо видела, и сказала: «Джессика, все ХОРОШО! Это не страшно».

«НЕ СТРАШНО», сказала она? Я видела, как она умирала. Я видела, как Кэрри медленно и мучительно угасала после каждой операции и курса лечения. До этого я наблюдала, как ее супруг медленно умирал от рака. Не поняв, я переспросила: «НЕ СТРАШНО? Как ты можешь говорить, что это не страшно? Это же ужасно болезненный и страшный способ умереть!» Кэрри, все еще сияя, невозмутимо ответила: «Джессика, оглядываясь назад, на свое время на земле, я не вижу ничего, кроме Иисуса. Не вижу и не чувствую боли. С точки зрения Небес, я могу с уверенностью сказать, что это было не страшно».

У меня было переживание немного подобное тому, о чем говорила Кэрри, когда Иисус переписал мои воспоминания о сексуальном насилии. Оглядываясь сейчас назад на те события, я вижу только Иисуса, и все, что я чувствую, – это Его мир. Больше нет боли и травм: Иисус исцелил эти моменты моей жизни. Так что, когда Кэрри сказала, что видит только Иисуса, у меня уже была система понимания того, о чем она говорит. Если Иисус смог совершить это с моими травмирующими воспоминаниями, то, конечно, Он мог сделать это со всей жизнью Кэрри. Потом я вспомнила о ее детях, которые за короткое время потеряли ОБОИХ родителей из-за рака. Поэтому я спросила подругу о детях, и ее ответ поразил меня еще больше.

Она улыбнулась еще шире, чем раньше (отчего еще больше засияла), и сказала: «Джессика, с моими детьми все будет в порядке! В этом мире нет страха. Иисус настолько велик и благ. Мои дети в ПРЕКРАСНЫХ руках, так что все будет хорошо». После сказанного Кэрри я сразу поняла: это не значит, что ее дети не столкнутся с трудностями, просто Кэрри имела непоколебимую уверенность и мир в Яхве. Иисус был добр к ее детям и любил их даже больше, чем она сама, так что даже в этом сломленном мире они оставались в надежных руках. Даже если они не получат исцеления на этой стороне, они переживут то же исцеление и прорыв, что и их родители на другой. Все будет хорошо, все обновится.

После окончания инкаунтера, я сразу поняла, почему Иисусу пришлось привести ко мне Кэрри. Учитывая мой уровень веры на тот момент, я бы не поверила, если бы Он сказал, что ужасные страдания моей подруги – это не страшно. Мне было необходимо услышать от самой Кэрри, что ее время на земле было не страшным, и все, что она видит сейчас, – это Иисус. Он был так добр ко мне, спустившись на мой уровень веры, чтобы я могла пережить встречу, изменившую мою жизнь.

Эта встреча стала знаменательным моментом в моей жизни. Я увидела еще одну грань Божией благости, и снова Иисус поразил меня Своей чудесностью. Все действительно будет хорошо, даже в этом наполненном болью и сломленностью мире. Нам доступно исцеление, но даже если мы этого не поймем, Иисус достаточно велик, чтобы все это искупить. В любом случае, все будет хорошо. Не важно, живем мы как зрелые сыновья, изучая миры в своем физическом теле, или мы любим Господа, умирая медленной и мучительной смертью, – так или иначе, Иисус благ. Последнее слово останется за Ним, и однажды Он все исправит. Сейчас в этом мире остается боль, однако она не продлится долго.

Я также была рада обнаружить, что мы потенциально можем жить, испытывая тот же внутренний мир, который я ощутила в Кэрри. Я увидела, что для меня возможно жить с Небес на землю с непоколебимой уверенностью и миром ДАЖЕ перед лицом трагедии. Мне было дано приглашение жить с Небесным сознанием и перспективой. Со временем я осознала, насколько сильна эта точка зрения и какое значение она имеет в моей молитвенной жизни. Мои молитвы перестали быть реакцией на трагедию. Вместо этого я осознаю свое единение с Отцом и, пребывая в Нем, с уверенностью спрашиваю, каких действий Он от меня ждет. Я до сих пор не вижу 100%-го ответа на свои молитвы, но все равно смотрю только на Иисуса. Я вижу Божье величие и доброту, вплетенные во все вокруг, и уверена, что Бог способен и готов однажды все исправить.

Иисус победил мир. Он пошел перед нами и дал нам все необходимое для исцеления и целостности: у Него достаточно могущества для всего, с чем мы сталкиваемся. Он подарил нам возможность скорбеть, чтобы у нас был выход из боли. У нас также есть уверенность и надежда, потому что Яхве ВЕСЬМА благ, и Он еще не закончил.

Исаия 61:2-3 (Дословный перевод ТРТ): «Я послан объявить новый сезон благодати Яхве и время Божьего возмездия врагам Его, утешить всех скорбящих, укрепить сокрушенных отчаянием и скорбящих на Сионе – дать им прекрасный букет вместо пепла, елей блаженства вместо слез и мантию радостной хвалы вместо духа тяжести...»

Лучшее еще впереди, возлюбленные! Всегда есть надежда!

Выход из печали

Самостоятельная практика

КЛЮЧИ К ЗАПОМИНАНИЮ

* В этой жизни боль неизбежна, но скорбь – наш путь из печали и боли.

* Есть три сферы сердца, которые могут застрять в печали: потеря любимого человека, травмирующие события, разочарования/несбывшиеся надежды.

* Требование ответов от Бога – это камень преткновения для души. Когда мы ставим Иисуса выше ответов, мы позволяем сердцу обрести исцеление и свободу от горя.

* Чтобы стать целостным, нужно скорбеть вместе с Иисусом и приносить Ему всю боль, пока она не исчезнет.

* Чем быстрее и тщательнее мы приносим Иисусу свою боль, тем быстрее мы исцеляемся и обретаем целостность.

ВОПРОСЫ, КОТОРЫЕ НУЖНО ЗАДАТЬ ИИСУСУ

* Достаточно ли у Тебя могущества, чтобы исцелить мое горе?

* Испытываю ли я боль/печаль из-за потери кого-то или чего-то любимого?

* Как мне скорбеть по этой боли?

* Испытываю ли я боль или печаль из-за каких-либо травмирующих событий в своей жизни?

* Как мне скорбеть по этой боли?

* Испытываю ли я боль или печаль из-за несбывшихся

надежд? Есть ли что-нибудь, в чем я глубоко разочарован(а)?

• Как мне скорбеть по этой боли?

Целенаправленно приносите всю боль Иисусу и оставайтесь с Ним, пока не почувствуете изменения в своем сердце. Если вы чувствуете, что застряли в процессе скорби, обратитесь к разделу «Как скорбеть». Вы также можете обратиться к главам 5 и 6 книги «Основание», чтобы получить помощь в переживании инкаунтера с Иисусом.

Глава седьмая

ОТ НЕУВЕРЕННОСТИ К БЕЗОПАСНОСТИ

Многие события, произошедшие в раннем детстве, сделали меня очень неуверенным в себе ребенком и подростком, однако я никогда не показывала своей неуверенности, так же как и своих страхов. Я отказывалась выглядеть слабой, при встрече с людьми я смотрела им в глаза, высоко держа голову и тепло, но крепко пожимая их руки. Я вела себя уверенно, но все это была маска. Глубоко внутри я хотела нравиться людям, но была не уверена в своей личности и ненавидела многие части своего тела.

Неуверенность пускает корни каждый раз, когда мы чувствуем себя уязвимыми, слабыми, постыженными или неуверенными. Чувство неуверенности в чем-то показывает нам сферу, где мы не осознаем или не убеждены в мыслях Яхве касательно этой стороны нашей жизни. Все что угодно может вызывать в нас ощущение неуверенности, однако некоторые самые распространенные моменты уязвимости связаны с нашим телом, личностью, репутацией, тем, что думает о нас Бог и люди.

Не зная или не получая истину, мы оказываемся в ловушке бесконечного цикла неуверенности, ища принятия и подтверждения со стороны людей. Проблема в том, что мы живем в мире, где всегда можно найти кого-то, кто подтвердит наши мысли о себе. Однако тот факт, что кто-то тоже так считает, не означает, что это верно. Люди ищут одобрения других, потому что им нравится ощущение синергии, общности и единства. При этом мы сами и человек, дающий нам оценку, ОБА можем ошибаться.

Истина остается неизменной, независимо от того, что думают другие люди. Хотя в мире всегда можно найти того, кто нас оценит по достоинству, также всегда будут те, кто нас критикует и нападает на нас. Неважно, где мы ищем и кого спрашиваем, всегда найдутся противоположные взгляды. В мире, где у каждого свое мнение, как отличить правильное от неправильного?

Одна из моих любимых историй, где иллюстрируется нечто подобное, это рассказ о человеке и его сыне, которые пошли на рынок со своим ослом. Чтобы добраться до рынка, мужчина посадил сына на осла и повел по дороге. Когда они проходили мимо своего соседа, тот крикнул: «Почему ты позволяешь своему мальчику ехать верхом, а сам идешь пешком? Это ведь ты должен ехать на осле, а твой сын пусть топает сам». Отец стащил ребенка с осла и сел на него сам. Они еще немного прошли по дороге, как их увидел еще один мужчина. Этот человек прокомментировал: «Почему ты едешь на этом бедном осле? Вы же можете идти пешком, чтобы не заставлять животное нести весь ваш вес». Мужчина подумал немного, а затем быстро слез с осла. Они прошли еще чуть-чуть, и повстречавшийся им третий человек тоже прокомментировал ситуацию, сказав: «Почему ты заставляешь бедного мальчика идти пешком? Уж наверное твой осел смог бы его повезти».

Эта замечательная история очень помогла мне на пути к обретению уверенности в себе. Обращаясь к людям, чтобы они нас оценили, мы находим бесконечное количество мнений. Можно ошибаться и найти того, кто скажет, что это правильно, а можно оказаться правым и найти того, кто нас будет критиковать. Суть в том, что истина есть истина, независимо от того, что думают люди. Вот почему единственный способ обрести истинный мир и безопасность – это согласиться с тем, что говорит Яхве. Он Всеведущ, Он – Творец и Совершитель, Начало и Конец. Он ЕСТЬ путь, ИСТИНА и жизнь. Кто лучше Него знает, КТО мы и что нам следует делать?

Люди находят, как освободиться от неуверенности, когда обнаруживают, что говорит Яхве, а затем принимают решение согласиться с этой истиной независимо от того, что они думают сами или что им говорят другие. Помните: истина важнее фактов. Нас определяет не культура, а Небеса. То, что может быть субъективным фактом в вашей культуре, может оказаться неправдой в глазах Небес. Культуры, люди, мнения и перспективы приходят и уходят, а точка зрения Небес чиста и вечна, она стоит над ранами и фильтрами человеческой души.

СТЫД

Хотя стыд не относится к чувству неуверенности, он определенно представляет собой еще одну форму уязвимости, слабости и неуверенности в какой-то области нашей жизни. Стыд, как и любая другая ложь, приходит от врага, и он будет убивать, красть и разрушать нашу жизнь до тех пор, пока мы с ним сотрудничаем. Религия любит определять нас согласно нашим действиям и прошлому: она никогда не забывает и, что еще хуже, держит нас в мучениях, пристыжая за то, о чем Иисус уже давно забыл.

К Евреям 8:12 (Дословный перевод ТРТ): «Ибо Я окажу им милость Мою и прощу злые дела их, и никогда более не вспомню грехов их». [Выделение автора.]

1-е Петра 4:8 (Синод.): «...любовь покрывает множество грехов».

К Римлянам 8:1 (Дословный перевод ТРТ): «Итак, теперь дело закрыто. Не осталось ни одного обвинительного голоса осуждения против тех, кто соединился в пожизненном союзе с Иисусом, Помазанником». [Выделение автора.]

В Священном Писании ясно сказано, что Бог НЕ держит наши грехи под рукой, осуждая нас. СТЫД определяет нас по нашим действиям и прошлому, а Яхве определяет нас как безупречных по тому, кем мы становимся в Иисусе. Как бы тяжело ни было посмотреть стыду в глаза, на самом деле все сводится к следующему: один голос – это голос ИСТИНЫ и ЖИЗНИ, а другой – голос ЛЖИ и СМЕРТИ.

Стыд не приносит НИЧЕГО хорошего. Я слышала доводы, что стыд и воспоминания о прошлом помогают людям не повторять его, но партнерство и согласие с ложью стыда лишь продлевают смерть и мучения в нашей душе. Когда наша самооценка строится на чем-то, КРОМЕ того, что сказал Иисус, тогда мы либо думаем, что знаем лучше Него, ЛИБО это раскрывает сферу, где мы купились на ложь стыда.

Столкновение со стыдом может проходить очень болезненно, потому что, опять же, стыд оперирует ФАКТАМИ. Но как мы уже уяснили, ИСТИНА преобладает над ФАКТАМИ, поэтому нам снова приходится решать, с каким голосом мы согласимся. Стыд – лжец, хотя и имеет факты, подтверждающие его обвинения против нас. Он наш враг, и мы можем отказаться соглашаться с его ложью. На самом деле Иисус с нетерпением ждет, когда мы согласимся с Ним, выбрав свободу и жизнь вместо стыда.

ОБРЕТЕНИЕ СВОБОДЫ И БЕЗОПАСНОСТИ

Несколько лет назад я присутствовала на конференции для студентов колледжей, которые хотели больше знать Иисуса. Конференция проходила в огромном зале, где присутствовали тысячи людей. Наша группа сидела в первом ряду, с нетерпением ожидая, что Бог приготовил для нас. Когда началось поклонение, все остались на своих местах. Люди пели и поднимали руки, но никто не вышел вперед на поклонение. Когда я поклонялась, Яхве попросил меня выйти вперед ПОТАНЦЕВАТЬ с Ним. Миллион мыслей мгновенно пронесся в моей голове: «Что подумают люди? Я буду единственной на глазах у тысячи людей... еще и танцующей. Это будет выглядеть так, будто я пытаюсь быть «духовной», чтобы люди смотрели на меня. Почему Иисус просит меня делать это? Я могу с таким же успехом *поклоняться прямо здесь, на своем месте...»* Но приглашение давило на меня всем своим весом. Я отдала Иисусу свое «да», вне зависимости от обстоятельств. В глубине души я всего лишь пыталась повиноваться Господу, и это было самое главное. На глазах у всех я вышла на 6-метровый зазор между стульями и сценой: я была там одна и все время поклонялась. Мне было ВЕСЬМА дискомфортно и не удалось получить особого удовольствия от поклонения, потому что было очень неудобно находиться перед всеми. Наконец поклонение закончилось, и я села.

В тот же день, на вечерней сессии, опять было время поклонения... и снова Яхве попросил меня выйти вперед на поклонение. На этот раз мне было немного легче, но ненамного, так как я все еще ощущала невероятный дискомфорт. Во время первой песни несколько моих друзей подошли и присоединились ко мне. Было приятно не находиться там в одиночестве, но меня все равно не оставляло беспокойство, что теперь люди подумают, будто мы пытаемся выглядеть «духовными», и станут смотреть на нас. Но я снова вспомнила, что отдала мое «да» Иисусу, и моим мотивом было послушание Ему. Все время поклонения мы оставались у сцены, и я снова почувствовала облегчение, когда поклонение закончилось, и я могла пойти сесть.

На следующий день что-то изменилось: во время утреннего поклонения Яхве снова попросил меня выйти вперед на поклонение. Я снова подчинилась и вышла одна вперед, но на этот раз за мной вперед последовала пара сотен других студентов колледжа! Началось движение. Во время вечернего богослужения тысячи студентов столпились впереди, заполнив все проходы. Я была ошеломлена. Меня впечатлило, что сначала никто не выходил вперед, а теперь буквально не было ни одного свободного места. В последнюю ночь, когда я стояла плечом к плечу с людьми, поклоняющимися у сцены, Яхве поблагодарил меня за мое послушание выйти поклоняться вперед даже в полном одиночестве. Он сказал, что я – первопроходец, прокладывающий путь для других. Все мои неудобства стоили того: если моя жертва поклонения помогла другим углубиться в отношениях и поклонении Яхве, то оно того стоило.

Сталкиваясь с неуверенностью, нам иногда приходится выбирать послушание, несмотря на ощущение уязвимости. Мы постоянно находимся перед выбором: изобильная жизнь Яхве или ложь и страхи врага. Выберем ли мы Иисуса несмотря на факты, несмотря на то, что нам говорят люди, несмотря на свой опыт и чувства?

Дело в том, что пока мы соглашаемся с ложью, враг всегда будет следить за тем, чтобы мы ощущали неуверенность или стыд от чего-либо. Есть бесконечное количество вещей, которые могут указывать на то, что мы терпим неудачу: «Ты должен быть более сострадательным, терпеливым, должен больше евангелизировать, пророчествовать, быть более смелым, сильным, гибким, должен молиться дольше, проводить больше времени с семьей» и так далее, по списку. Враг кровожаден, и его невозможно удовлетворить никогда. Соглашаясь с врагом, мы всякий раз приносим бесконечные мучения своей душе. Чем свободнее мы становимся, тем яснее мы можем видеть ложь и страдания, которым подвергались.

Если говорить непосредственно про ощущение неуверенности, замечательно быть свободным от груза постоянно меняющихся человеческих мнений. Мысли Яхве по отношению к нам постоянны – Он не стыдит, не осуждает, не манипулирует, не контролирует и не удерживает от нас. Начиная жить только по ЕГО слову, мы входим в чудесный новый образ жизни. Процесс противостояния своей неуверенности и стыду выглядит так же, как работа с другими душевными ранами и ложью:

4. Определите, что вызывает в вас неуверенность или стыд.

• Иисус, в какую ложь я верю о себе, или что вызывает внутри чувство стыда, которые Ты хотел бы исцелить прямо сейчас?

5. Разорвите соглашение с ложью или душевной раной.

• Решите не соглашаться и не верить лжи. Очень полезно произнести это вслух.

6. Вместо лжи примите истину, которую показывает вам Иисус.

• На какой истине я могу стоять вместо лжи, в которую верил до этого?

Путь к обретению внутренней безопасности такой же, как и любой другой процесс преображения души. Обычно исцеление не происходит за один раз: наше сердце годами цеплялось за человеческие слова о нас и за ложь врага. Мы можем пережить мощную встречу с Иисусом, которая мгновенно исцелит наши душевные раны, но обычно исцеление происходит с той скоростью, на которую способна наша душа.

По мере обретения все большей защищенности, мы начинаем испытывать внутренний покой, который переходит и на то, как мы воспринимаем окружающий мир. Чем дольше я хожу в согласии с Яхве, тем больше моя уверенность в Нем; я больше и больше осознаю, что все будет ХОРОШО. Даже когда это кажется странным, я знаю, что пути Яхве всегда приносят ЖИЗНЬ. Все, что Он просит от меня, и все, что Он говорит мне, всегда во БЛАГО. Со временем мы приобретаем все больше уверенности в том, что говорит о нас Яхве, и можем все быстрее и легче отвергать ложь врага.

От неуверенности к безопасности
Самостоятельная практика

КЛЮЧИ К ЗАПОМИНАНИЮ

- Любая сфера, в которой мы чувствуем себя неуверенно, раскрывает область нашего сердца, в которой мы не убеждены и не согласны с тем, что говорит о нас Яхве.

- Культуры, люди, мнения и точки зрения приходят и уходят, но взгляд Небес чист и вечен, превосходя раны и фильтры человеческой души.

- Стыд держится за наше прошлое, а Яхве решает забыть наш грех, определяя нас согласно нашей идентичности в Иисусе.

- Как и в других случаях исцеления души, все сводится к нашему выбору верить тому, что говорит Яхве, превыше всего остального.

ВОПРОСЫ, КОТОРЫЕ НУЖНО ЗАДАТЬ ИИСУСУ

- В каких сферах я испытываю неуверенность, о которой Ты бы хотел поговорить?

- Что Ты думаешь об этой неуверенности?

- Какая правда необходима, чтобы заменить ложь о неуверенности, с которой я согласился?

Помните, что каждый из этих вопросов может быть использован как трамплин, чтобы разоблачить ложь, разрушить соглашения с ней и получить взамен истину от Иисуса. Пожалуйста, используйте также главы 5 и 6 книги «Основание»: они помогут вам устранить препятствия при попытке поговорить с Иисусом о страхе.

Глава восьмая

#ТРИГГЕРЫ

Обида сейчас превратилась в горячую тему в западной культуре: такое ощущение, что все глубоко на что-то обижены. Сейчас нередко можно услышать от людей фразу, что их что-то «триггерит». Основная проблема в том, что мы не приносим свои обиды Иисусу – мы просто ожесточаем свои сердца. Эта жесткость и гнев затем становятся препятствием на пути исцеления, тормозя рост нашей души во Христе. Как мы уже говорили, чтобы быть здоровыми душой, необходимо приносить все Иисусу. Когда мы отдаем Ему свои обиды, это приносит исцеление и позволяет нам немного больше посмотреть на ситуацию с Его точки зрения.

Обида возникает потому, что наше сердце жаждет справедливости, или от того, что кто-то задел нашу душевную рану. Возмущение на несправедливость может или ожесточить наши сердца или стать движущей силой, заставляющей нас что-то делать, чтобы бороться с этим. Современная культура «осознанности» показывает нам много примеров оскорбления несправедливостью: «осознанные» люди утверждают, что они борются за социальную справедливость, и кажется будто их обижает практически все подряд. В 5-й главе этой книги *Дар прощения* я рассказываю о внутренней жажде справедливости. Справедливость – это Божественная черта, и она является неотъемлемой частью Царства, однако наше понятие о ней часто ошибочно и неправильно. В настоящее время мы регулярно видим примеры этого в новостях. Люди, поверившие идеологии «осознанности», заблуждаются, но они искренне верят в то, что считают правдой. С их точки зрения на аборты, гендерную дисфорию, экономические проблемы, контроль климата и т. д., они ПОЛНОСТЬЮ убеждены, что осознали «истину», и отчаянно пытаются поступать «правильно». Ими движет обида и стремление к «справедливости».

Возможно, мы не реагируем физически на обиду в отношении чего-либо (как это делают сторонники революции «осознанности», которую мы наблюдаем сегодня), однако поймите меня правильно: мы часто заблуждаемся точно ТАК ЖЕ, когда обижают нас. Вот почему так важно приносить все Иисусу. Чувство оскорбленности *может быть* вызвано праведным гневом, а *может быть* и проявлением души. Единственный способ узнать истинную причину – принести это Иисусу. Зачастую это смесь душевной точки зрения и праведного гнева. Как и во всем остальном, ключом является пребывание в Иисусе.

К Ефесянам 4:26-27 (Синод.): «Гневаясь, не согрешайте: солнце да не зайдет во гневе вашем; и не давайте места диаволу».

Псалом 4:5 (Синод.): «Гневаясь, не согрешайте: размыслите в сердцах ваших на ложах ваших и утишитесь».

Иакова 1:20 (НРП): «В гневе человек не может достичь праведности Божьей».

Обратите внимание, что эти стихи не осуждают гнев: праведный гнев на врага возможен. По мере того, как мы возрастаем в сыновстве, наша внутренняя точка зрения продолжает кардинально меняться. Мы все больше и больше отходим от человеческого гнева и обиды и начинаем больше мыслить и смотреть так, как Яхве. Есть праведный гнев и праведная справедливость, но они сильно отличаются от человеческих версий.

В общем и целом, обида затуманивает наше мышление, особенно когда она исходит из душевной раны. Ее может вызвать жажда справедливости ИЛИ душевная реакция на неуверенность или душевную боль. Если кто-то будет тыкать вам в физическую рану, вы естественно разозлитесь на этого человека и захотите отойти от него подальше. Очень похожая ситуация происходит внутри, когда мы обижаемся. Когда наша душа ранена, враг ясно видит это и старается ткнуть в это больное для нас место, используя сломленность окружающих людей. Возможно, человек даже не подозревал, что его комментарий или действие будут восприняты как оскорбительные, но, поскольку наша душа ослеплена болью, мы реагируем на это как на нападение. Обычно мы не осознаем и не понимаем, что нам просто ткнули в уже существовавшую душевную рану, поэтому уходим в себя, злясь и обижаясь на то, что «задело наш триггер».

Если не разобраться с обидой (будь то из-за несправедливости или душевной раны), наше сердце ожесточается, и именно это удерживает наши сердца в плену. Чем больше боль или замешательство по поводу ситуации, тем сильнее обида. Единственный выход – принести все Иисусу.

Однажды я разбиралась с обидой и непрощением по отношению к одному человеку и решила поговорить об этом с Иисусом, потому что отношения с Ним для меня значат больше, чем собственный гнев и обида. То, что я увидела на этом инкаунтере, меня потрясло! Я увидела себя с какашками в руках, причем я сама ВЫБИРАЛА держать эти мерзкие, вонючие какашки. Я была настолько одержима и зациклена на них, что совершенно не видела, что это такое на самом деле. Когда Иисус предложил забрать их у меня, я отстранилась от Него и еще крепче сжала их в руках, из-за чего они брызнули во все стороны и испачкали одежду. К счастью, когда я отшатнулась от Иисуса и перепачкала себя фекалиями, у меня как будто пелена упала с глаз, и я увидела, что это было на самом деле, почувствовав вонь, которую вызывали мои гнев и обида. Я испытала шок и легкий стыд от того, что не видела этого раньше, а затем немедленно развернулась к Иисусу, который все еще протягивал руки, желая помочь мне. Я отдала Ему эти какашки, и Он был РАД их забрать. Его это не покоробило и не оскорбило. Казалось, Он даже пережил облегчение, что я наконец пришла в себя. Иисус вытер мои руки и дал мне новую одежду в обмен испачканной. Эти какашки ЯВНО были противными и неприятными, однако обида и непрощение так сильно затмили мне глаза, что я не видела, что это такое на самом деле. Подобная слепота охватывает нас каждый раз, когда мы позволяем душевным ранам оставаться в наших сердцах.

Вместо того, чтобы замыкаться в себе, мы можем рассматривать каждую обидную ситуацию как приглашение к свободе. Каждый раз то, на что мы обижаемся, ВЫДЕЛЯЕТ ту сферу нашего сердца, которую можно исцелить, или указывает на место, где наше внутреннее стремление к справедливости может возрасти в сыновство. Вместо того, чтобы сотрудничать с обидой, можно использовать ее как трамплин, чтобы получить еще больше прорывов и откровений!

Итак, звучит это прекрасно. Это замечательная идея – превратить свою обиду во что-то, что приносит исцеление, однако выйти из нее ДОВОЛЬНО трудно. Когда нам наносят физическую или эмоциональную рану, нашей естественной реакцией является самозащита. Последнее, что нам хочется делать, когда мы злимся и обижаемся из-за того, что нас кто-то обидел, – это разбираться с обидой! Наша плоть хочет вариться в собственной оскорбленности до тех пор, пока не восторжествует справедливость, но это только усиливает боль.

Обида стоит на пути исцеления. Чтобы освободиться от чувства оскорбленности, нужно понять и сделать несколько вещей:

- Прощение – первый шаг к исцелению и свободе. Пока мы испытываем обиду на человека или событие, наш прогресс останавливается. Итак, начать стоит с решения отпустить обиду и отдать ее Иисусу.

- Как только мы отдали обиду Иисусу, это дает Ему

возможность говорить с нами об этой области нашего сердца. Он может показать, где в нашем сердце есть неуверенность, которая стала причиной обиды, ИЛИ Он может помочь нашей внутренней жажде справедливости увидеть вещи глазами Небес.

• И последнее, перед нами стоит выбор: выбрать Иисуса или вернуться к состоянию обиженности. То, что Иисус показал вам насчет обиды, – это ваш путь к свободе. Помните, что Он есть Путь, Истина и Жизнь. Поэтому каждый раз, когда Иисус показывает вам истину, это приглашение к ЖИЗНИ и к тому, чтобы больше смотреть на вещи с точки зрения Небес.

ТОТ, КОГО НЕВОЗМОЖНО ОБИДЕТЬ

Чем больше мы приносим свои обиды Иисусу, тем больше становимся людьми, которых невозможно обидеть. По мере того как душа исцеляется и достигает зрелости, наше сердце становится более чувствительным к Яхве; мы также начинаем видеть разбитые души ЗА действиями людей. По мере того как наше сердце переходит от обиды к состраданию человеческим мучениям, мы приобретаем способность не обижаться и сохранять Небесную перспективу. Чем больше мы сосредотачиваем свой взгляд на Иисусе, тем больше смотрим на жизнь глазами любви. Как и во всем остальном, нашей душе требуется время, чтобы перестать обижаться, но это возможно.

Мне успешно удавалось оставаться не обиженной во время некоторых ссор с мужем. Смешно даже упоминать об этом, однако наши супруги больше, чем кто-либо, обладают способностью нас обидеть! Так что, когда мне впервые удалось во время нашего спора оставаться спокойной и не обижаться, это был верный признак того, что я умею жить вне доступа обиды! Независимо от обстоятельств или обидчика, мы можем смотреть на всех и вся глазами Любви. Мы находимся на Небесах, едины с Самим Иисусом, и ОН дает нам силу совершать невозможное.

Когда обстоятельства или какой-то человек крадут наш покой, это происходит только потому, что МЫ позволяем им. Если мы обижаемся или забываем ходить в своей идентичности, нам нет никакого осуждения. Чтобы восстановиться, можно принести эту обиду Иисусу и попросить Его показать нам, как она пробралась внутрь нашего сердца и как от нее избавиться. Чем больше сохранение мира внутри и хождение в своей идентичности будет в приоритете, тем более непоколебимыми мы станем.

#Триггеры
Самостоятельная практика

КЛЮЧИ К ЗАПОМИНАНИЮ

- Обида исходит из двух разных источников: из гневной реакции на задетую душевную рану или из жажды справедливости.

- Обида приводит к ожесточению сердца, к задержке нашего духовного роста и тем самым вызывает внутреннее сопротивление при общении с Богом.

- То, что обида может быть обоснована несправедливостью или душевной раной, никак не оправдывает наше сотрудничество с ней, потому что мы сыны Божьи.

- Мы можем жить не обижаясь, непоколебимо, независимо от наших обстоятельств.

ВОПРОСЫ, КОТОРЫЕ НУЖНО ЗАДАТЬ ИИСУСУ

- О какой обиде со стороны человека или ситуации Ты бы хотел поговорить со мной? Как ТЫ смотришь на эту ситуацию? Где истина?

- Как мне освободиться от того, на что я обижаюсь внутри?

- Каково это – стать неспособным обижаться? Как мне достичь этого?

Помните, что каждый из этих вопросов может быть использован как трамплин, чтобы разоблачить ложь, разрушить соглашения с ней и получить взамен истину от Иисуса. Пожалуйста, используйте также главы 5 и 6 книги «Основание»: они помогут вам устранить препятствия при попытке поговорить с Иисусом о страхе.

Глава девятая

ПРЕОДОЛЕНИЕ ИСТОЩЕНИЯ

В 2011 году у меня случился продолжительный нервный срыв до такой степени тяжелый, что я могла только как сумасшедшая тупо смотреть в стену, не способная делать даже элементарные вещи. Мой муж (тогда еще парень) все это время заботился обо мне. Он готовил мне еду и сидел со мной в моей комнате. Чтобы помочь мне восстановиться, он попросил меня расчесать волосы, однако эта простая, казалось бы, задача была для меня настолько стрессовой, что я расплакалась. Я чувствовала себя потерянной в темной бездне и не знала, как оттуда выбраться. Я осознавала, что Бог со мной, и что я едина с Ним, но у меня совершенно не получалось Его почувствовать.

Каждый день я часами просто глядела в стену, в потолок, силясь почувствовать что-нибудь помимо отчаяния. Мысль, что Бог со мной, дарила небольшое утешение, но мне хотелось, чтобы Он все-таки открыл мне Свое присутствие. Я знала, что проблема с моей стороны, и что Яхве на самом деле говорит со мной, однако я была слишком подавлена, чтобы Его услышать. У меня появились сбои в работе надпочечников, и все мое тело как будто иссыхало. Физически и эмоционально я была измотана. Когда ты уже устал, пытаться вытащить себя из этого состояния весьма утомительно. Как отдать все Иисусу, если у тебя не осталось ничего, что ты можешь дать?

Мне потребовалось много времени, чтобы оправиться от того хаоса, в котором я находилась. Прогресс шел медленно, но в конце концов я выздоровела. Вообще я из тех людей, которые предпочитают разбираться со всем быстро и сразу, но с исцелением от нервного срыва так НЕ получилось. Я была сломлена душой и телом, и мне потребовалось немало времени, чтобы прийти в себя. Моя душа была настолько подавлена и истощена, что потребовалась пара недель, прежде чем я снова смогла вести обычную жизнь, и прошли месяцы, прежде чем я снова смогла услышать Иисуса. (Я хочу еще раз отметить, что Иисус всегда говорил со мной, это я была слишком замкнута, чтобы услышать Его, хотя Он не оставлял меня даже в самые мрачные моменты.) Что касается моего тела, моим надпочечникам потребовалось около 2 лет, чтобы полностью восстановиться: я верила в мгновенное исцеление и тела, и души, но в данном случае мне потребовалось много витаминов, сна и отказа от участия в различных мероприятиях, чтобы дать телу до конца поправиться. Это был НЕ увлекательный процесс, особенно для тех, кто любит, чтобы все делалось быстро, однако я исцелилась. У Иисуса хватило на это могущества.

Есть обетование, данное нам на трудные времена: Яхве обещает, что нам всегда будет достаточно Его благодати. Этот стих преследовал меня долгие годы: *почему Бога оказалось недостаточно для моего срыва? Почему Он не пришел и не спас меня?*

Прошли годы, прежде чем я получила ответы на эти вопросы, и, как ни странно, они пришли во время выкидыша. После потери ребенка я отчаянно хотела быть ближе к Иисусу. В том сезоне я очень основательно посвятила себя Ему, потому что внутри я была полна решимости не отдавать врагу ни единого клочка территории своей души: я не позволила потере сына стать основанием для страха и боли в моей жизни. Оказалось, что я неосознанно вынашивала вопросы и обвинения против Бога по поводу своего срыва в течение 6 лет. Благодаря отчаянному желанию не оставлять никаких препятствий между мной и Яхве в период выкидыша, я, наконец, возложила эти обвинения на свой алтарь на Небесах. И самое главное, именно эта сфера моего сердца зажила во время выкидыша первой.

Я пришла на инкаунтер к Иисусу и сразу положила все на алтарь. [См. главу 3 книги «Возрастание в сыновстве» (Книга 2), где говорится про подчинение.] Я положила туда все: и то, что понимала и могла выразить, и то, что у меня не получалось сказать словами или объяснить. Эта глубокая боль заставила меня отчаянно жаждать быть как можно ближе к Иисусу. Я знала, что все, что я удерживаю от Него, может стать сферой, где я отдаляюсь от Господа. Итак, я старательно пыталась отдать Ему все: сына, которого я потеряла, свою боль, вопросы, обвинения против Бога, свои страхи, свое прошлое и будущее – ВСЕ.

Возложив это все на алтарь пред Богом, я намеренно УШЛА от своей глубокой боли и эмоций и повернулась лицом к Иисусу. Он сидел у ручья возле жертвенника, поэтому я подошла и села с Ним, переживая исцеление уже от того, что просто молча находилась в Его присутствии. Потом Иисус повернулся ко мне и спросил: «Джессика, хочешь ли ты знать, почему Моей благодати было недостаточно для тебя, когда у тебя случился срыв?» Я была потрясена! После всех этих лет, НАКОНЕЦ-ТО, я получу ответ! Я дерзко ответила: «Да, ХОТЕЛОСЬ БЫ мне знать, почему Тебя оказалось недостаточно в тот период!» Иисус ласково и мягко продолжил: «Ты в первый раз выдвинула против Меня обвинение в этой области, так что теперь мы наконец можем поговорить об этом. Теперь, когда ты подчинилась, Я могу ответить на вопросы, которые преследовали тебя все эти годы». Иисус сделал паузу. Я знала: все, что Он скажет дальше, будет иметь большое значение, поэтому в предвкушении ждала продолжения. «Джессика, причина, по которой ты сломалась, заключается в том, что ты согласилась с ложью: «Я не могу это сделать». Если бы ты постоянно соглашалась с ИСТИНОЙ, что Моей благодати достаточно для тебя, у тебя бы не было никакого срыва».

Вот оно что! В моей голове словно взорвалась бомба. Все обвинения и гнев, которые я питала против Бога, были стерты. Когда Иисус сказал мне правду, ИСТИНА сняла шоры с моих глаз. Я увидела/вспомнила месяцы, предшествовавшие нервному срыву: передо мной будто развернули временную шкалу, и я увидела, как медленно, но верно ухудшалось мое состояние, когда согласилась с ложью: «Я не могу этого сделать».

Я уставала и не заботилась о своем теле. Я как бы зажгла свечу с обоих концов, когда слышала лишь шепот лжи, говорящей мне: «Я устала», «Это слишком тяжело для меня». А затем ложь переросла в убеждение «Я не могу этого сделать». Я клюнула на наживку и стала сотрудничать с этой ЛОЖЬЮ.

Всякий раз, соглашаясь с ложью, мы даем ей власть и силу над своей жизнью. Я сначала согласилась с неправдой в своих мыслях, затем начала говорить ее своим коллегам и друзьям. Шли месяцы, и ложь в моей жизни становилась все сильнее: я слепо кормила этого хищного зверя, который хотел украсть, убить и разрушить мою жизнь. И это было бы именно так, если бы я решила ожесточить свое сердце против Иисуса вместо того, чтобы повернуться к Нему. Поскольку я предпочла Бога обвинениям и вопросам, я обрела исцеление и получила откровение, что срыв на самом деле произошел по моей вине.

Мы становимся тем, что видим. С каким образом мы соглашаемся, тому и подчиняемся, отдавая власть над своей жизнью. Вот почему сынам Божьим так важно обновлять свой разум. Чем с большей ложью мы соглашаемся, тем с большей смертью сотрудничаем внутри себя. Верующие часто позволяют согласию с ложью ослепить себя, а затем обвиняют Иисуса в том, что Он «не появился», когда было нужно.

Если бы я согласилась с ИСТИНОЙ и твердо стояла на том, что Его благодати достаточно для меня, убеждена, что никакого нервного срыва у меня бы не случилось. Нам доступны Божьи обетования, но согласиться с ними – по-прежнему наш выбор. Мы решаем сотрудничать с правдой или ложью, и это определяет наше исцеление, здоровье и будущее.

ПРЕОДОЛЕНИЕ

По моим наблюдениям, истощение возникает из-за двух вещей: согласия с ложью врага И отсутствия границ, которые заставляют нас слишком сильно расстраиваться. Любой из этих корней может вызвать истощение, однако когда кто-то чувствует себя утомленным, почти всегда обнаруживается влияние обоих этих факторов. Предотвращение истощения И способы выхода из него требуют от нас целеустремленности в двух областях: границы и наши мысли.

В 8-й главе книги «Возрастание в сыновстве» (2-я книга этой серии) я подробно обсуждаю тему границ. В общем, здоровые границы создают внутренний стандарт с системой сдержек и противовесов, чтобы сохранять свой внутренний мир. Самопроверка – это просто осознанное и целенаправленное отношение к тому, как поживает наш внутренний мир. Если что-то не в порядке, мы приносим это Иисусу. При наличии здоровых границ мы ставим Иисуса и Его мир превыше всего остального. Когда мы поддаемся давлению чувства «я должен», «нужно» или манипуляциям со стороны людей, мы используем свою свободную волю, чтобы сотрудничать с чем-то иным, нежели покой Иисуса. Он ничего не делает из позиции «я должен»: Он ЦАРЬ, а цари действуют целенаправленно и со властью. Когда Отец вел Иисуса исцелять болезни, Он шел и исцелял; когда Отец повел Христа вздремнуть или выйти из толпы (служения), Тот последовал за Ним. Иисус делал ТОЛЬКО то, что видел Отца делающим. Он говорил «нет» каким-то вещам НЕ для того, чтобы отвергнуть людей, а из послушания Своему Отцу. Чтобы сказать «да» Иисусу, мы должны сказать «нет» другим вещам. Это наш пример здоровых границ.

Когда мы не выбираем здоровые границы, это открывает дверь для действия из чувства «я должен» и манипуляций, которые высасывают из нас жизнь. Любая область, в которой мы не согласны с истиной, – это область, которая высасывает из нас жизнь, именно это и ИСТОЩАЕТ нас. Здоровые границы помогают сохранить здоровье и покой, защищая нас от истощения на физическом и эмоциональном уровне: у здоровых людей здоровые границы, как мы видели в жизни Иисуса.

Другая причина истощения – это партнерство с ложью типа: *«Я не могу этого сделать»*, *«Это слишком сложно для меня»* или *«Я устал/измотан»*. Подобные утверждения являются ложью, потому что ни одно из них не верно для Иисуса. В Иисусе все это возможно (К Филиппийцам 4:13), поэтому *«Я не могу этого сделать»* или *«Это слишком тяжело для меня»* – ложь. Кроме того, Иисус не устает и не утомляется: Его благодати достаточно для нас; Он несет наше бремя, поэтому наше иго – легко. Мы можем согласиться с Божьими обетованиями и привнести силу этих стихов в свою реальность ИЛИ можем согласиться с ложью врага и дать ей силу красть, убивать и разрушать нашу жизнь.

На своем пути исцеления я только спустя годы осознала, что сама дала лжи силу и власть, и что именно ОНА сломила меня. Моя душа была настолько закрыта, что я не видела и не слышала ничего из того, что говорил Иисус во время моего нервного срыва. В тот момент моего хождения с Господом я знала, что Он никогда не оставит меня, что Он всегда говорит со мной, и что Он пытался достучаться до меня и подарить исцеление, однако инкаунтеры *«не сработали»*, потому что моя душа слишком устала (от веры в ложь), чтобы иметь возможность соединиться с Иисусом. Я знала, что моя душа была настолько разбита и замкнута, что у нее вообще не было возможности общаться с Яхве, и вместо этого решила постоянно обращать к Нему свое сердце и волю, несмотря на отсутствие каких-либо ощущений. Я регулярно произносила вслух такие вещи, как: «Я знаю, что Ты никогда не оставишь и не покинешь меня», «Спасибо, что у Тебя достаточно могущества для всего, с чем я сталкиваюсь», «Я знаю, что Ты говоришь прямо сейчас» и «Есть только Ты и я, Иисус. Я всегда выберу Тебя». Я изо всех сил старалась не сосредоточиваться на вопросах и обвинениях в адрес Господа, потому что знала, что это только замедлит (а возможно, даже помешает) моему исцелению и восстановлению.

По мере того как я размышляла об истине, в моей душе постепенно все изменилось, и я начала восстанавливаться после своего нервного срыва. Я подробно говорю о медитациях в 4-й главе «Основания» (книга 1). В ней я сравниваю медитации (размышления) с процессом маринования. Например, сосредоточение внимания на боли, усталости и безнадежности маринует нашу душу лишь в негативных вещах, приводя к отчаянию. То, на чем мы зацикливаемся и на что тратим свою эмоциональную энергию в ходе размышлений, создает и раскрывает нашу систему убеждений. Ключ к здоровой медитации – принести Иисусу боль, усталость, безнадежность и, откровенно говоря, ВСЕ остальное, а затем выбрать вместо этого сосредоточиться на ИСТИНЕ. Это СОВЕРШЕННО не то же самое, что попытки забыть или отвлечься от негативных мыслей и внутреннего отчаяния.

Забвение – это просто игнорирование «слона в комнате» (отвлечение себя от мыслей о нем), при этом душа остается в том же состоянии, в котором она просто раздавлена его тяжестью. Я говорю о том, чтобы признать «слона», привести его к Иисусу (подчиниться Богу), а затем сосредоточиться на Иисусе и Его истине, а не на «слоне». Забвение игнорирует «слона», а подчиниться – значит отдать «слона» Иисусу, потому что вы ставите ЕГО превыше всего остального. Даже если вы чувствуете себя настолько замкнутыми, что не можете соединиться или почувствовать Иисуса (как было у меня), вы все равно можете отказаться от «слона» и размышлять над истиной.

Конечно, если вы находитесь в месте, где все еще хоть сколько-то можете соединиться с Богом, то встреча и разговор с Иисусом ускоряют восстановление вашей души от истощения. Наличие здоровых границ и усердие в мыслях – важные части преодоления и/или предотвращения истощения, но общение с Иисусом жизненно важно: ОН – Целитель! На самом деле, взгляд, устремленный на Иисуса, – это наименее утомительный способ преодолеть истощение. Преодолеть истощение непросто, потому что в этот момент наша душа уже находится на грани выгорания. Чтобы одержать победу, необходимо копать глубже и твердо стоять на истине. Даже когда мы истощены, можно исцелиться и полностью выздороветь, потому что Иисус даст нам силы!

Я уверена, что мы можем мгновенно получить полное исцеление. Я верю в это, потому что видела, как это происходило с другими людьми. Но обычно, на грани истощения наша душа находится в слишком усталом состоянии, чтобы поверить или получить полное исцеление. Ключевой момент – наличие здоровых границ, наблюдение за своими мыслями и, конечно же, общение с Иисусом, но есть вещи, которые мы можем сделать, чтобы поддержать свое выздоровление от истощения на практическом уровне. Эти вещи предназначены только для ПОДДЕРЖКИ, сами они не могут исцелить вас. Иисус – единственный Путь, Истина и Жизнь для нашей души и для преодоления усталости: гипс поддерживает травмированную конечность, что помогает ей быстрее зажить, но сам по себе он не является целителем. В приведенном ниже списке перечислены вещи, которые поддерживают нашу душу на пути к исцелению, но они не являются исцеляющим элементом сами по себе. Вот то, что помогло мне выздороветь:

- Будьте ТЕРПЕЛИВЫ по отношению к себе и своему исцелению.

- Разочарование или нетерпение в отношении своего прогресса только замедлит ваше восстановление. Разочарование и уныние – это не Небесные понятия, поэтому партнерство с ними несет смерть нашей душе. Как бы тяжело ни было, очень полезно проявлять терпение и милосердие к себе в процессе исцеления и роста. Это касается не только восстановления после истощения, а КАЖДОЙ сферы нашей жизни.

- Самоконтроль: намеренное осознание собственных

чувств и триггеров. Почему я чувствую себя утомленным? Я все еще тащу внутри человека, работу или прошлое событие? Что кажется безнадежным в моей жизни?

- Как только вы определите эти вещи, вы сможете принести их Иисусу и посмотреть, что ОН говорит о них. Спросите Его, почему эти вещи влияют на вас и что нужно сделать, чтобы это прекратить.

- Добавки: витамины и/или минералы.

- Если мы не получаем мгновенного исцеления, то поддержка тела во время восстановления может оказаться очень полезной. Я обнаружила, что мне помогло приготовление смузи из порошка зелени, спирулины и порошка мака. Дополнительные питательные вещества для организма, будь то добавки или соки, помогли моему телу исцелиться. Поскольку на тот момент мой организм был очень истощен, в качестве добавок я принимала ашваганду, поливитамины и минеральные добавки.

- Избегайте употребления алкоголя или кофеина в любой форме.

- Я думаю, что наш организм стал сильно зависеть от кофеина, потому что ему не хватает отдыха и питательных веществ. Я любила кофе и энергетические напитки, живя за счет них. Но во время срыва я поняла, что ЗАСТАВЛЯЮ свои надпочечники и тело функционировать, тогда когда им просто нужно отдохнуть и восстановиться. Кофеин на самом деле является наркотиком, и он вызывает зависимость. Оправляясь от нервного срыва, я отказалась от всех добавок и напитков с кофеином. Вылечившись, я и по сей день употребляю кофеин лишь в особых случаях, так как стараюсь быть бережной со своим телом и надпочечниками.

- Говорите «нет» различным вещам.

- Все, чему я говорю «да», требует энергии и усилий. Я стала очень осторожно относиться к тому, чем заниматься в свободное время. Как бы мне ни хотелось потусоваться с друзьями, я остаюсь дома, если знаю, что это потребует много энергии от моего тела или души. Трудно было научиться освобождаться от мучительного чувства «я должна», но это оказалось очень полезным, потому что я стала все меньше и меньше утомляться.

Приведенный выше список помог моему восстановлению, однако настоящее исцеление пришло от Иисуса, по мере того как я размышляла об истине и выбирала границы, защищавшие мой покой и внутренний мир. Мое исцеление не пришло мгновенно: это был долгий и медленный процесс эмоционального и физического восстановления. (Я была настолько сломлена и замкнута, что одна только мысль о том, чтобы причесаться, доводила меня до слез.) Поэтому, если вы находитесь в разгаре нервного срыва, то у вас есть надежда на ПОЛНОЕ восстановление. А если вы находитесь не на таком уровне истощения и отчаяния, то ваше исцеление может произойти быстрее, чем мое.

Суть в том, что надежда есть: вы можете исцелиться. У Иисуса достаточно могущества для всего, с чем вы сталкиваетесь, а утомление не входит в Божьи цели и планы на вашу жизнь. Вам потребуется запастись терпением и приложить усердие, что кажется тем более утомительным, когда вы уже устали... но Истина освободит вас. Когда вы приведете себя в соответствие с Истиной, Он исцелит и восстановит вашу жизнь. Вы можете быть целостным. Усталость – это не ваше наследство.

Преодоление истощения
Самостоятельная практика

КЛЮЧИ К ЗАПОМИНАНИЮ

- Всякий раз, когда мы соглашаемся с ложью (например, «Я не могу этого сделать» или «Я в шоке»), мы даем ей власть и силу над своей жизнью.

- Усталость влияет на нашу душу и физическое тело, поэтому исцеление и восстановление после истощения – это многомерный процесс.

- Восстановление после истощения начинается тогда, когда мы ставим здоровые границы и прилежно соглашаемся/размышляем над истиной.

- Есть и другие вещи, которые можно сделать, чтобы поддержать свое исцеление и восстановление после истощения, но они только способствуют исцелению. Иисус – единственный Целитель.

ВОПРОСЫ, КОТОРЫЕ НУЖНО ЗАДАТЬ ИИСУСУ

- Что Ты хочешь мне сказать о тех сферах моей жизни, где я чувствую себя истощенным?

- В чем причина моего истощения?

- Как мне исцелить и восстановить эту область своей жизни?

- Что мне нужно знать или делать, чтобы предотвратить истощение в будущем?

Помните, что каждый из этих вопросов может быть использован как трамплин, чтобы разоблачить ложь, разрушить соглашения с ней и получить взамен истину от Иисуса. Пожалуйста, используйте также главы 5 и 6 книги «Основание»: они помогут вам устранить препятствия при попытке поговорить с Иисусом о страхе.

ЖИЗНЬ В ЦЕЛОСТНОСТИ

Раздавить или быть раздавленным – выбор за вами!

В этой книге мы осветили и обсудили многие душевные раны, но не все. Даже несмотря на всю предоставленную информацию, по-прежнему жизненно важно, чтобы вы действительно приносили Иисусу свою внутреннюю боль, горе и обиды. Если не позволить ИИСУСУ показать вашей душе истину в сказанном, то все прочитанное останется лишь теоретическим «головным» знанием. Я определяю «головное» знание как все, что вы узнали об Иисусе, но по-настоящему не прочувствовали и не поверили в это всем сердцем (душой). Я могу прочитать биографию о ком-то, но по факту я не знаю этого человека, если только у меня нет с ним личных отношений. Душа не может быть и не будет исцелена «головным» знанием. «Трехмерные» учения и даже откровения не способны исцелить нашу «четырехмерную» душу, пока мы не получим откровение от Иисуса, от Духа к духу.

Откровение 3:20 (Перевод автора): «Я стою у двери и стучу: если кто услышит голос Мой И отворит дверь, войду к нему и буду иметь глубокую и блаженную близость с ним, и он со Мною». [Объяснение в 3-й главе книги «Основание».]

По подсчетам Яна Клейтона, у всех верующих есть от 7 до 9 «привычных» лживых убеждений, с которыми мы соглашаемся, но к которым совершенно слепы. «Привычная» ложь – это ложь поколений, которая так долго присутствовала в вашей семье, что кажется знакомой, как часть того, «кто вы есть». Это как если бы вы родились с затычками в ушах, то ощущение их присутствия и факт того, что мир очень тихий, было бы для вас НОРМАЛЬНЫМ. Вы другого никогда бы и не знали. То же самое происходит и с «привычной» ложью.

Допустим, все члены вашей семьи любят все контролировать, тем самым контроль превращается в систему, в которой вы умеете функционировать. Пока наши сердца не смягчатся и не будут готовы принять Иисуса в тех сферах нашей души, к которым мы слепы, у нас не будет никакой возможности для другого образа жизни.

Так было со мной, когда я разбиралась с духом бедности. Согласие с ложью о бедности глубоко укоренилось в моей семейной линии. Я не знала, как жить по-другому, и была совершенно слепа к этому. Однажды Яхве сказал мне, что я больше не смогу возрастать в своей вере, пока не разберусь со своим соглашением с бедностью. Он объяснил, что это тормозит мой рост. Я знала, что совершенно слепа к бедности, поэтому начала свой инкаунтер с просьбы к Иисусу показать мне, как выглядит бедность в духе. (Лично мне помогает, когда я вижу, насколько та или иная ложь отвратительна: тогда в мое сердце действительно приходит осознание, что это на самом деле враг, который приносит смерть в мою жизнь.) Я была потрясена, увидев тощее существо с человеческими чертами лица, на котором были только кожа да кости. Присмотревшись к нему, я поняла, почему: его тело просто было вконец истощено. Я поблагодарила Иисуса, что Он показал мне истинный облик бедности, но все еще оставалась совершенно слепа к ее лжи. Тогда я попросила Иисуса показать мне часть тех лживых убеждений, которые мне внушала бедность. Я увидела, как это существо произнесло несколько предложений: «Мне недостаточно... Мне нужно экономить... Мне нужно работать ради денег». С каждой фразой из уст бедности исходил некий зеленый вонючий газ, как иногда показывают в детских мультфильмах. И я также увидела, как сама с жадностью вдыхаю эти зеленые удушающие газы – за все эти годы я к ним как будто пристрастилась:

слова бедности были для меня как доза наркотика, которую принимала душа.

Получив это видение, я почувствовала полное отвращение. Это был серьезный звонок для моей души, но я все еще не знала, как от этого избавиться. Те фразы, которые говорила бедность, *казались правдой*. Я не знала, как жить по-другому, поэтому спросила Иисуса: «В чем истина? Что Ты скажешь на это?» Я ожидала услышать что-то типа «*У Меня всегда всего достаточно*». Моей укоренившейся во лжи душе такой ответ показался бы тривиальным и поверхностным, но Иисус, конечно, превзошел все мои ожидания. Он мягко объяснил: «Бедность – это враг, но ты должна сама прийти к такому решению. ОНА – та, кто крадет твои финансы и приносит смерть в твою жизнь. Она ненавидит тебя и хочет увидеть твое уничтожение».

Я была сбита с толку. Я понимала, что сказанное Иисусом было правдой... но это *не казалось* правдой. Чувства подсказывали мне, что бедность помогла мне стать «сберегателем», что, по моему мнению, защищало мои финансы. Более того, у меня всегда хватало денег на оплату всех счетов, так каким же образом бедность меня обкрадывает? Возможно, у нас не оставалось много денег, но счета-то мы всегда могли оплачивать, в чем я всегда видела заслугу Иисуса. Поэтому Его слова о том, что бедность крадет наши финансы, казалось, не имели смысла.

Я вспомнила, как много лет назад разбиралась со стыдом в своей жизни. Ложь стыда казалась правдой, пока я не освободилась. Только когда я начала менять свои убеждения согласно истине, мой разум стал здравым, и я смогла распознать ложь. Я решила снова согласиться с тем, что сказал Иисус, пусть это и не имело смысла на тот момент. Я решила поверить, что менталитет бедняка НЕ был моим защитником и помощником, а скорее был МОИМ врагом. Я объявила «развод» этому врагу, разорвав все наши предыдущие соглашения и решив принять то, что сказал Иисус. (Развод – это то слово, которое пришло мне на ум во время инкаунтера, потому что именно НАСТОЛЬКО тесно я была связана с бедностью. Мне казалось, что жизненно важно «развестись» и отказаться от своей клятвы верности, данной духу бедности.)

После инкаунтера моя жизнь продолжилась, однако все начало меняться. Буквально через несколько недель кто-то дал нам чек на десять тысяч долларов. Затем в следующем месяце нам дали еще две тысячи долларов. Я была потрясена! Нам всегда едва хватало: мы жили от зарплаты к зарплате, но при этом были благодарны, что по крайней мере нам достаточно денег на оплату счетов. Когда я попросила Яхве это объяснить, Он сказал: «ЭТО и есть изобилие. Бедность отнимала у вас финансы, и вы просто сводили концы с концами».

После этого деньги перестали поступать большими суммами, но откровения от того инкаунтера и то, что произошло, осталось со мной. Мы с мужем все еще учимся жить за счет финансирования Небес. Мы иногда переживаем тяжелые времена в плане финансов, даже в последнее время, но отказываемся позволить обстоятельствам изменить нашу систему убеждений. Не наши обстоятельства, а Яхве и Его истина определяют нашу жизнь. Даже не видя проявления Божьих обетований в своей жизни, мы все равно выбираем Иисуса и устремляем свой взгляд на Него. Он – все, что нам нужно, и у Него есть наше «да» независимо от обстоятельств.

Я поделилась этой историей, чтобы показать пример того, что делать с ложью, к которой мы совершенно слепы. Если Иисус выделил сферу вашей жизни, в которой у вас есть «привычные» лживые убеждения, то вот несколько шагов, которые помогут вам освободиться от них:

1. Попросите Яхве показать вам, как выглядит конкретный дух лжи, чтобы помочь вам понять, что это ДЕЙСТВИТЕЛЬНО враг. Когда вы видите цепи, отвратительного на вид демона или другое его проявление во время инкаунтера, это может помочь вам

избавиться от желания сотрудничать с его ложью.

2. Как только вы увидите его истинное обличье, спросите Иисуса: «Какую ложь пытается мне внушить этот враг?»

3. Увидев врага и услышав его ложь, спросите Иисуса, что ОН скажет об этом. Важно услышать истину от Иисуса. Даже если в данный момент она не прозвучит правдоподобно, ЕГО слова – это слова жизни.

4. Наконец, примите решение разорвать соглашение с врагом. Как бы правдиво ни звучала ложь, решите, что ложь есть ложь. И окончательно решите целенаправленно стоять на том, что говорит Иисус, вместо лжи.

Есть ложь, которую мы распознаем, а есть ложь и душевные раны, к которым мы совершенно слепы. Вышеописанные шаги могут помочь нам выявить и освободиться от лжи и сломленности, которые мы несли с собой всю жизнь или ее большую часть. Я хочу совершенно ясно дать понять, что ЛЮБАЯ эмоция или мысль, которой нет на Небесах, но с которой мы соглашаемся, ПРИНЕСЕТ смерть, даже если нам так не кажется. Страх, контроль, гнев, бедность, неприятие и любая другая ложь представляют собой ТОЛЬКО способ принести нам смерть. И хотя ЕДИНСТВЕННОЕ, что мы получаем от подобного партнерства, – это смерть, она обязательно замаскирована под псевдо-выгоду. Например, дух контроля использует нас, чтобы принести смерть на землю, давая нам ложное ощущение мира (что все получится только потому, что мы «контролируем» ситуацию). На самом деле контроль – это ТОЛЬКО иллюзия, потому что мы не способны ЧТО-ЛИБО контролировать. Мы не можем контролировать других людей или обстоятельства. Даже над собственным телом имеем весьма ограниченный контроль (цвет волос, скорость роста ногтей, возрастные изменения и т. д.).

Осознав, что ложь невозможно удовлетворить и через нее не обрести покой, я поняла, что не имеет смысла оставаться в мучениях. Я решила, что хочу освободиться от нее и выбрать Истину независимо от внутренних чувств. Наш враг никогда не бывает удовлетворен и будет постоянно обманывать нас, пока мы решаем с ним соглашаться. Вот несколько распространенных видов лжи, с которыми, по нашему мнению, можно «успокоиться» и в конечном итоге обрести «мир»:

- *«Я смогу отдохнуть, как только закончу свой список дел».* При этом мы не осознаем, что этот список постоянно растет.

- *«Я буду чувствовать себя красивой, если я просто...»* Иии враг постоянно меняет стандарты красоты.

- *«Я смогу расслабиться, как только у меня будет эта сумма денег».* Конечно, пока вы ее не получите. Тогда вы решите, что этого недостаточно, или что вам нужно продолжать стремиться сохранить и/или приумножить эти деньги.

- *«Я не буду чувствовать себя одиноким, когда выйду замуж/женюсь или найду друга/подругу».* Одиночество не имеет ничего общего с вашими физическими обстоятельствами: оно связано только с убеждениями и ранами вашей души.

- *«Моя христианская «оценка» и положение перед Богом зависят от моего посещения церкви, служения и десятины».* Никакой «оценки» нет. Наше положение перед Богом всегда одинаковое – нам дана праведность Христа.

Враг всегда будет стараться отодвинуть цель за пределы нашей досягаемости, чтобы она лишь *казалась* достижимой. Пока мы на крючке, мы будем находиться в бесконечных мучениях. Итак, если этого нет на Небесах, давайте не будем давать этому никакого места в своем сердце.

Помимо осознания того, что хочу слезть с крючка, я также обнаружила еще несколько вещей, которые пригодились мне в моем путешествии. Надеюсь, этот список будет полезен и вам:

- Празднуйте каждое исцеление, инкаунтер и победу, независимо от того, какими маленькими они кажутся.

- Не презирайте малые начинания. Наши прорывы и исцеление происходят в зависимости от способности и готовности нашей души противостоять болезненным сферам жизни. Как я уже упоминала, партнерство с разочарованием и унынием только тормозит наш рост. Вместо этого ищите Яхве во всем. Я предлагаю вам спросить Его, что ОН думает о небольших исцелениях, а затем согласиться со всем, что Он скажет.

- Воспринимайте каждую встречу так, как будто все, что говорит и делает Иисус, происходит намеренно... потому что это так!

- В Библии мы видим, что Бог любит притчи и символы. То же самое касается всего, что мы ощущаем на инкаунтере! Часто наша душа смеется над тем, насколько «незначительным» кажется какое-то слово или встреча. Но, преодолев эти чувства, мы сможем разгадать глубину, тайну и силу того, что открывал Иисус! Это меняет позицию наших сердец с осуждения на благодарность и принятие. Иногда самые маленькие и незначительные детали могут оказаться самыми ценными. Но вся эта красота и сила упускается, когда мы не ценим эти инкаунтеры, потому что они не оправдывают ожиданий нашей разбитой души.

- Будьте добры, милосердны и терпеливы к СЕБЕ в процессе.

- Если бы самокритика была полезна для нашего процесса, мы бы увидели ее в жизни Иисуса. Нам не нужно, чтобы наш голос противился тому, что говорит и думает о нас Яхве: самоосуждение, самокритика и резкость не могут и не помогают нам в нашем путешествии. Хотя научиться относится к себе так же, как Яхве, может оказаться непросто, это поистине освобождает и исцеляет!

- Будьте самосознательны.

- Лично мне нравится устанавливать будильники на телефоне, чтобы они напоминали мне о необходимости самопроверки. Вы можете найти другой способ напомнить себе, что нужно проверить свое сердце; суть в том, чтобы найти какой-то способ осознать собственное состояние. Чем больше мы уделяем внимания своему внутреннему миру и проверяем его на соответствие истине, тем быстрее мы исцелимся и увидим прорыв. Например, в детстве я могла весь день «витать в облаках». Однажды Иисус показал мне, что это происходит из-за моей дисфункции и боли. Я никогда не осознавала, что мой разум часто «витает в облаках», хотя делала это постоянно. Однако, когда Иисус указал мне на это, я была ПОТРЯСЕНА, увидев, что мои «мечтания» коренятся в страхе и лжи. Мой внутренний мир находился в беспорядке, и у меня были слои дисфункции, о существовании которых я раньше даже не подозревала! Чем больше я осознавала себя, тем больший прорыв видела, когда приносила все Иисусу. Я больше не чувствовала желания «повитать в облаках», вместо этого я отправлялась на НАСТОЯЩУЮ встречу с Иисусом!

- Упражняйте способности своей души.

- Такие вещи, как пост, тренировки или решение проводить меньше времени за телевизором или в социальных сетях, – это все примеры развития внутреннего самоконтроля. Хотя эти вещи, вероятно, не имеют прямого отношения к нашим душевным ранам, развитие самодисциплины реально помогает нам на пути к исцелению. Когда мы мало-помалу говорим «нет» своей плоти, она ослабевает, и нам становится легче сказать «да!» Иисусу.

- Не сдавайтесь!

- Нашей душе достаточно всего лишь мгновения с Иисусом, чтобы измениться навсегда! В одно мгновение мы можем навсегда и радикально поменяться. Однако, каким бы прекрасным и драгоценным это ни было, оно не является нормой. (И это нормально, потому что история, которую мы строим с Иисусом, стоит больше всего на свете!) Наша душа годами жила во лжи и ранах: этот дисфункциональный образ жизни является ее привычкой, которая запускается на автопилоте, поэтому нам обычно приходится многократно приносить что-то Иисусу. Подобная ситуация обычно приводит в уныние, потому что создается ощущение, будто это «не работает», что далеко не так! КАЖДЫЙ раз, когда мы приносим что-то Иисусу, это победа, которая приносит исцеление и перепрограммирует нашу душу. Главное, нужно знать: когда наше сердце по привычке переключается на старый автопилот, она уже не так сильна, как была! Наша душа, возможно, и вернулась к старому, но теперь оно имеет меньший процент той силы, которая была раньше. Например: 95%, затем 90%, затем 86% и т. д. Возврат души к старому автопилоту зависит от того, насколько глубоко она принимает инкаунтеры и истину, которая ей была дана. Два шага вперед и один шаг назад – все равно прогресс. Хотя прогресс может показаться медленным, вызывая ощущение, что «это не работает», но подобное всего лишь обескураживающие мысли врага, который пытается удержать вас в мучениях. Не расстраивайтесь! Не сдавайтесь, у Иисуса достаточно могущества. И это РЕАЛЬНО работает!

Много лет назад Яхве попросил меня о чем-то странном: на тот момент я носила брекеты и просто НЕНАВИДЕЛА их чистить: это занимало столько времени, что я делала это очень редко. Затем, по какой-то причине, однажды вечером Яхве попросил меня почистить зубы зубной нитью. Я с неохотой подчинилась, хотя и не видела в этом НИКАКОЙ Небесной ценности. Затем на следующий вечер Он снова попросил меня воспользоваться ниткой. Так продолжалось целый год!

Каждый раз я выбирала подчиниться, но легче от этого не становилось. Мое сердце не менялось, и мне так и не удалось погрузиться в счастливую рутину. Каждый вечер, когда Яхве просил меня чистить брекеты, я слушалась, задаваясь вопросом, как это вообще способствует исцелению моей души или приносит пользу Царству. Я повиновалась, потому что отдала Яхве свое безоговорочное «да». Через год Он перестал просить меня каждый вечер чистить брекеты. Более того, с тех пор Он ни разу не просил меня пользоваться зубной нитью! Я думала, что вдруг получу откровение, прорыв или исцеление, когда Он перестанет просить, но ничего не произошло.

Спустя годы у меня был трудный сезон, но в моей душе был якорь, которого я раньше не чувствовала: внутри были мир и откровение, которых не переживала ранее... по крайней мере, мне так казалось. После мне пришло откровение: я услышала, как Иисус сказал мне: «Это было вложено в тебя во время твоего послушания использовать зубную нить». Не знаю, что я испытывала больше от Его слов – замешательство или трепет. В конце концов, чистка зубов ниткой все-таки оказалась полезной! Потом я начала задаваться вопросом: *«Почему именно зубная нить? А почему тогда я не замечала никаких сдвигов или различий до этого момента? Как мое послушание Яхве привело к внутреннему откровению и силе?»* Это было за пределами моего понимания, но мне очень нравилось, что Иисус использовал «глупости», чтобы сбить меня с толку.

У меня до сих пор нет полного откровения о том, что Иисус делал в моем сердце в то время, но я хотела поделиться этой историей, чтобы показать, что наше путешествие с Яхве может быть необычным. В этой книге мы обсуждали полезные инструменты, советы и мудрость, но будут и другие вещи, которые выходят за рамки обычного. Чем больше мы держимся за Иисуса, даже если нам что-то непонятно, тем быстрее переживем исцеление и прорыв.

Хотела бы отметить, что я ВСЕ ЕЩЕ использую инструменты и процессы, обсуждаемые в этой книге, чтобы победить ложь, в которую верит моя душа. Процесс и исцеление происходят быстрее, но все равно все сводится к тому, чтобы отвергнуть ложь и вместо этого выбрать то, что говорит Иисус. Если еще больше упростить: наше внутреннее исцеление сводится к нашей способности воспринимать Истину. ИИСУС все совершил. ИИСУС – наш Целитель. ИИСУС несет наше бремя. ИИСУС – наша сила. Все, что мы делаем, это принимаем: принимаем Иисуса и Его истину; полагаемся на Его силу; отдаем Ему свое бремя; получаем Его исцеление. Как только мы согласимся с Иисусом, все остальное будет сделано за нас. Свершилось!

Откровение 3:20 (Перевод автора): «Я стою у двери и стучу: если кто услышит голос Мой И отворит дверь, войду к нему и буду иметь глубокую и блаженную близость с ним, и он со Мною». [Объяснение в 3-й главе книги «Основание».]

1-е Иоанна 2:24-25 (Дословный перевод ТРТ): «Итак, вы должны быть уверены, что эта весть горит в ваших сердцах, то есть, то послание жизни, которое вы услышали с самого начала. Если оно будет гореть, то вы всегда будете жить в тесном общении с Сыном и Отцом. И Он Сам обещал нам бесконечную жизнь в грядущих веках!»

Пылающий огонь

У двери стоит пламя.

Я слышу Его стук и шепот.

Тьма в моей душе трясется.

Он знает мое имя.

Но как насчет боли?

Поглощающий огонь охватывает меня.

Как прекрасно и в то же время ужасно.

Все мои страхи обрушиваются на меня,

Но меня манит Его шепот.

Открывая дверь, я вижу,

Что тьма – это не я.

Мои страхи сгорают.

Раны заживают.

Стыд исчезает.

Очищающий огонь очищает меня.

Я боялась боли,

Но этот огонь как целебный дождь.

Огонь, казалось бы, причиняет боль, но это не так.

Он обжигает, только если я сопротивляюсь,

Поэтому я расслабляюсь и сдаюсь

Поглощающему огню, охватывающему меня.

Чем больше я горю,

Тем больше я вижу.

Чем больше я чувствую,

Тем больше я слышу.

Очищающий огонь очищает меня.

Поглощающий огонь охватывает меня.

Через некоторое время я вижу,

Что теперь огонь – это я.

Пламя, которое когда-то приносило страх,

Теперь мой шалом.

Я то, чего я боялась.

Я стала огнем.

Я – огонь,

Пылающий всю вечность.

Жизнь в целостности
Самостоятельная практика

КЛЮЧИ К ЗАПОМИНАНИЮ

- Наше исцеление и прорыв сводятся к выбору нашей души принять истину Иисуса и стоять на ней, когда мы встречаемся с Ним.

- У среднестатистического верующего есть 7–9 «привычных» лживых убеждений, к которым мы совершенно слепы.

- Яхве любит освобождать нас от наших ментальных «коробочек» и старых систем мышления. Примите те «странные» вещи, которые Он вас просит сделать. У них есть цель.

ВОПРОСЫ, КОТОРЫЕ НУЖНО ЗАДАТЬ ИИСУСУ

- Что Ты хочешь исцелить в моем сердце сегодня?

- В какую ложь я верю в этой сфере?

- Что ТЫ скажешь об этом?

- За какую истину мне нужно держаться вместо лжи?

- Есть ли у меня ложь или душевные раны, к которым я совершенно слеп(а), и от которых уже готов(а) освободиться?

- Чему Ты хочешь научить меня? Или: «Что Ты хочешь показать мне сегодня?»

- Что у Тебя на сердце?

РАЗРЕШЕНИЯ НА ЦИТИРОВАНИЕ ПИСАНИЯ

Цитаты Священного Писания приведены из Синодального Перевода Библии (Синод.) и дословно переданы из четырех английских переводов:

- Berean Study Bible (BSB)
- English Standard Version (ESV)
- New Living Translation (NLT)
- The Passion Translation (TPT)

Разрешения предоставлены:

Вы когда-нибудь чувствовали, что в вашем хождении с Богом должно быть нечто большее, но вы не понимаете, как этого достичь? Данная книга поможет вам освободиться от религии, возрасти в своей идентичности и научиться тому, КАК жить в духовной реальности. В серии книг о сыновстве Джессика подробно описывает как перейти от следования религии к свободе в отношениях с Иисусом. Через "Основание" и последующие за ней книги данной серии вы поймете, что духовная реальность и стратегии - это простые и четкие понятия. Джессика надеется, что инструменты и учение данной серии книг помогут верующим возрастать и достигать зрелости в сыновстве. Эти книги откроют вам дверь к тому, как действовать с позиции Небес и жить преображенной жизнью.

Джессика Онсага была никем из ниоткуда, пока не обнаружила свой настоящий статус и не поняла, что он точно такой, как у Иисуса - "сын Божий". Джессика прошла долгий путь утверждения своей истинной природы, возрастая в личной дружбе с Иисусом и укореняясь в своем новом статусе сыновства. Теперь она помогает другим делать то же самое!

Расти или не расти? С этим вопросом сталкивается каждый верующий, однако большинство из нас не распознают его, даже когда нас спрашивают! Бог никогда не планировал для нас оставаться младенцами во Христе. В данной книге, состоящей из двух частей, Джессика пошагово разбирает процесс роста в вере и достижения зрелости во Христе, а также тему отношения к окружающим с позиции сынов Божьих. Если вы прочитали ее первую книгу "Основание", вы готовы еще глубже погрузиться в танец любви с Яхве. Присоединяйтесь к автору и исследуйте, КАК расти в своей вере и достигать зрелости во Христе!

Джессика Онсага была никем из ниоткуда, пока не обнаружила свой настоящий статус и не поняла, что он точно такой, как у Иисуса - "сын Божий". Джессика прошла долгий путь утверждения своей истинной природы, возрастая в личной дружбе с Иисусом и укореняясь в своем новом статусе сыновства. Теперь она помогает другим делать то же самое!

ОБ АВТОРЕ

Джессика Онсага была никем из ниоткуда, пока не обнаружила свой настоящий статус и не поняла, что он точно такой, как у Иисуса – «сын Божий». Джессика прошла долгий путь утверждения своей истинной природы, возрастая в личной дружбе с Иисусом и укореняясь в своем новом статусе сыновства. Теперь она помогает другим делать то же самое!

Сердце Небес для земли

Компания «Seraph Creative» — это коллектив
художников, писателей, теологов и
иллюстраторов, желающих увидеть, как Тело
Христово возрастает в полноту зрелости, ходя в
своем наследии как сыны Божьи на земле.

Подпишитесь на нашу рассылку, чтобы узнавать
о будущих интересных релизах.

Посетите наш веб-сайт: www.seraphcreative.org

www.ingramcontent.com/pod-product-compliance
Lightning Source LLC
Chambersburg PA
CBHW041628140626
46547CB00031B/1249